企業永續發展
與相關實務新趨勢

協合國際法律事務所

五南圖書出版公司 印行

序

　　2022 年到 2023 年全球局勢瞬息萬變，隨著 COVID-19 疫情逐漸在各地受到控制，全球的經貿活動也漸漸回到往日的正軌。近年來，全球環境、社會和治理（ESG）問題的重要性已經得到了廣泛的認同，愈來愈多的企業和投資者認識到，ESG 問題不僅對環境和社會產生了深遠的影響，也是企業持續發展的重要課題。臺灣同時也面臨同樣的議題，特別是在近年能源轉型的時刻，永續發展不僅是企業要面臨的挑戰，也是政府制定政策時需要考量的方向。近年政府大力推動綠能產業，也讓能源與環境及社會永續發展結合而成至關重要之議題。在這樣的背景下，本書亦將大幅著重在最新的 ESG 及能源法令議題。

　　協合國際法律事務所於 1998 年亞洲金融風暴之際成立，25 年來堅持「協力合作」、「追求卓越」、「持續研究」與「回饋社會」，在 2022 年又再度完成了許多受託付的重大案件，非常感謝各界的鼓勵及鞭策，使我們得以持續成長。

　　今年我們選定「ESG 企業永續發展新趨勢」、「能源產業發展趨勢」、「企業併購與結合實務」與「最新議題展望」四大主題撰擬法律實務分析予各界參考。我們僅恭敬地獻上本書，並期待各界先進的賜正指教（email: inquiry@lcs.com.tw）。

協合國際法律事務所 謹誌

目錄

第一篇

ESG 企業永續發展新趨勢

- 企業於 ESG 政策下應面對之規範與議題
- 永續報告書編製之法律責任與風險

企業於 ESG 政策下應面對之規範與議題

谷湘儀、賴冠妤、王祖瑩

壹、前言

近幾年企業是否符合「環境、社會及治理」（ESG）之永續發展目標，成為全球炙手可熱之話題，食品、化工、水泥及大型企業首當其衝，並拓展至各行各業，臺灣證券交易所（下稱「證交所」）於 2021 年將《上市公司編製與申報企業社會責任報告書作業辦法》修正名稱為《上市公司編製與申報永續報告書作業辦法》，並調降上市櫃公司編製及申報永續報告書之門檻，自 2023 年起，實收資本額達 20 億元以上者即需每年度更新、申報永續報告書[1]。

中小企業在全球供應鏈架構下，因各國之永續政策、上下游企業對合作夥伴之責任供應鏈要求，亦不能忽視 ESG 之重要性，否則恐遭市場排除在外。尤其全球已邁入碳費新世紀，歐盟各國與歐洲議會已達成對碳邊境調整機制（CBAM）之協議，將

---

[1] 依據證交所網站統計資料（https://cgc.twse.com.tw/corpSocialResponsibility/chPage，最後瀏覽日期：2023/2/20），已於公開資訊觀測站申報 2021 年永續報告書之上市公司共 487 家，上櫃公司共 194 家，總計 681 家；次按本文就公開資訊觀測站截至 2023 年 2 月 20 日公布之資料進行統計，其中自願揭露者為 365 家。

自 2023 年 10 月起，正式針對進口鋼鐵與水泥等高污染產品徵收二氧化碳排放關稅，其產品適用範圍從上游之鋼鐵、水泥、鋁業、化肥和電子，擴至氫能、部分間接碳排產品和鋼鐵下游的螺絲、螺栓等產品，相關產業產品欲出口至歐盟將面臨更複雜之程序及成本。我國《氣候變遷因應法》已於 2023 年 2 月 15 日公布施行，為達成國家溫室氣體長期減量目標，未來將依溫室氣體之排放源分階段徵收碳費，事業應依主管機關之規定進行排放量盤查，並於規定期限前登錄於指定資訊平臺。

　　許多大企業在致力訂下減碳目標之同時，發現除控制企業自身的碳排外，處理供應鏈之碳排放更為重要，根據渣打集團（Standard Chartered）2021 年 Carbon Dated 調查報告 [2]，供應鏈碳排放平均占跨國企業總碳排 73%，且有 62% 的跨國企業表示將於 2024 年移除危及其碳排計畫之供應廠商，有 75% 的跨國企業表示於 2025 年會做如此選擇。我國作為出口導向之國家，全球之 ESG 政策、大型跨國企業之要求都將對我國產業發展影響甚鉅。除機構投資人將 ESG 作為投資之評估因素，金融機構亦可能檢視企業碳盤查結果及揭露資訊，以調整資金貸放，因此對於我國各類型企業而言，ESG 已深切影響企業之營運及發展。

　　從法律角度觀之，企業處理 ESG 議題可再分為形式與實質層面，即形式上須定期編製與申報永續報告書或將碳排放量登錄於

---

[2]　Carbon Dated, https://www.sc.com/en/insights/carbon-dated/ (last visited: 2023/2/20).

指定資訊平臺，以符合證交所、中華民國證券櫃檯買賣中心（下稱「櫃買中心」）、證券期貨業各公會及主管機關之相關規範，或是提供永續發展相關之資訊、聲明予合作對象；實質上，須於企業營運中實踐、體現 ESG 之概念，以符合主管機關、上下游供應鏈就各產業所訂定之要求，並如實呈現於永續報告書中。企業就 ESG 之實踐如與永續報告書之呈現有所出入，則可能面臨永續報告書不實之責任，相關討論可參考下一篇文章〈永續報告書編製之法律責任與風險〉；另依據《氣候變遷因應法》，碳盤查、登錄不實者，亦有相應罰則。有鑑於此，企業應充分瞭解 ESG 之實際內涵，並謹慎實施於營運策略上，故本文將介紹有關 ESG 議題之相關概念，以及本次有關企業社會責任報告書轉變為永續報告書以及《氣候變遷因應法》之修正重點。此外，由於不同企業類型於 ESG 下應實踐之內涵未盡相同，故本文將以金融產業及電子產業為例，說明事業於 ESG 議題下應面對之法律議題。

貳、與 ESG 議題相關之概念

ESG 即環境保護（Environment）、社會責任（Social）以及公司治理（Governance）之縮寫，首見於聯合國在 2004 年發布的「Who Cares Wins」報告[3]，其提倡公司經營者及投資者在若干決

---

[3] Who Cares Wins, https://www.unepfi.org/fileadmin/events/2004/stocks/who_cares_wins_global_compact_2004.pdf (last visited: 2023/2/20).

策中納入 ESG 準則，將可對公司發展、社會、金融市場以至個人投資組合產生正面影響。

此外，聯合國於 2015 年 9 月頒布永續發展目標（Sustainable Development Goals, SDGs），期望於 2030 年前由全球共同努力解決橫跨「經濟成長」、「社會進步」與「環境保護」等三大面向之議題，其內涵包括可負擔的潔淨能源、氣候變遷等問題[4]。申言之，ESG 著重於對市場參與者之要求，而 SDGs 適用對象更加廣泛，包括上至國家、政府、企業，下至公民團體、個人等的跨部門整合與合作。但由於 ESG 與 SDGs 有重疊之目標項目，且雖非強制法律規範，許多企業仍會主動將之納入業務推動的方向，以降低公司長期營運之風險，提升企業形象和價值，故 ESG 與 SDGs 常於相同之討論脈絡下出現。

一、責任投資原則

為實踐 ESG 之內涵，聯合國在 2006 年成立了責任投資原則組織（Principles for Responsible Investment, PRI），致力推廣將 ESG 因素納入機構進行投資決策的考量，希望透過金融機構的力

---

[4] 聯合國於 2015 年宣布之 SDGs 包含 17 項核心目標，其中又涵蓋了 169 項細項目標、230 項指標，17 項核心目標為：SDG 1 終結貧窮、SDG 2 消除飢餓、SDG 3 健康與福祉、SDG 4 優質教育、SDG 5 性別平權、SDG 6 淨水及衛生、SDG 7 可負擔的潔淨能源、SDG 8 合適的工作及經濟成長、SDG 9 工業化、創新及基礎建設、SDG 10 減少不平等、SDG 11 永續城鄉、SDG 12 責任消費及生產、SDG 13 氣候行動、SDG 14 保育海洋生態、SDG 15 保育陸域生態、SDG 16 和平、正義及健全制度及 SDG 17 多元夥伴關係。

量，除了關注投資對象的企業獲利及成長性外，也督促上市櫃公司重視 ESG，為社會永續發展貢獻心力。簽署 PRI 的投資機構每年須揭露其責任投資執行情形，並遵循 PRI 六大原則：（一）將 ESG 議題納入投資分析及決策過程；（二）積極行使股東所有權；（三）要求所投資的企業適當揭露 ESG 資訊；（四）促進投資業界接受及執行 PRI 原則；（五）建立合作機制強化 PRI 執行效能；（六）出具個別報告說明執行 PRI 進度[5]。

　　我國主管機關亦將 PRI 之精神落實於國內政策與規範，金融監督管理委員會（下稱「金管會」）於 2020 年 12 月啟動「資本市場藍圖」，其中落實策略四「提升金融中介機構市場功能及競爭力」之具體措施，即包含引導投信事業辦理資產管理業務時，於投資流程及風險管理等內部控制機制納入 ESG 考量，以推動投信投顧事業擴大業務發展，提升競爭力。隨後，中華民國證券投資信託暨顧問商業同業公會於 2022 年 6 月底發布《證券投資信託事業證券投資顧問事業環境、社會及治理（ESG）投資與風險管理作業流程暨 ESG 資訊揭露實務指引》，明確規範投信投顧事業應將 ESG 納入投資與風險管理作業流程，並於永續報告書或公司網站發布公司定期評估報告，以利投資人獲取 ESG 相關資訊。

---

[5]　PRI, Signatories' Commitment, https://www.unpri.org/about-us/what-are-the-principles-for-responsible-investment (last visited: 2023/2/20).

　　另外，根據國立臺北大學企業永續發展研究中心於 2022 年 11 月發行之《2022 年臺灣永續投資調查》[6]，2021 年臺灣永續投資資產總額約新臺幣 20.3 兆元，占參與調查機構管理資產的 39.6%，故從資本市場角度而言，企業符合 ESG 的規範有助於提高取得外部資金的能力，公司是否落實 ESG，亦會逐漸成為金融業放款授信的參考標準。

二、綠色金融

　　在各國政府積極推動下，SDGs 的理念逐步落實於各產業，「綠色金融」（Green Finance）[7]的理念在此背景下應運而生。「綠色金融」可以理解為只要是在環境永續發展背景下以提供「環境效益」（Environmental Benefits）為目標，而創建的金融商品或服務（包括貸款、債務機制、保險和投資），都可稱為綠色金融[8]。因此，基於 ESG 的內涵而發展出之責任投資原則，其引導金融市場資金投入相關產業亦為綠色金融之一環。

---

[6]　臺灣證券交易所，臺灣永續投資調查，https://cgc.twse.com.tw/investment/listCh（最後瀏覽日期：2023/2/20）。

[7]　依據行政院環境保護署毒物及化學物質局對綠色金融之介紹，綠色金融亦有稱為「永續金融」（Sustainable Finance）或「氣候金融」（Climate Finance），可泛指針對永續發展計畫的金融投資，或促進永續經濟模式的方案、環保產品與政策（包括針對工業污染控制、清潔飲水、生物多樣性保育等目標之金融措施），還有氣候變遷減緩與調適的金融等，其本質為「考量環境衝擊與強化環境永續的所有投資與借貸可能形式」。

[8]　此可參考 G20 綠色金融研究小組（G20 Green Finance Study Group）於 G20 Green Finance Synthesis Report（5 September 2016, p. 3）及聯合國環境署（UNEP）之說明，https://www.unep.org/regions/asia-and-pacific/regional-initiatives/supporting-resource-efficiency/green-financing（最後瀏覽日期：2023/2/20）。

　　就我國政策部分，為達成巴黎協定之減碳目標及 SDGs，金管會透過政策引導金融業及企業重視氣候變遷相關風險管理及強化資訊揭露，並將範疇擴展至涵蓋 ESG 面向的永續金融，作為近年金融發展政策之核心。故金管會逐步提出綠色金融行動方案，方案 1.0 著重於鼓勵金融機構對綠能產業的投融資；方案 2.0 主要內容則包括強化 ESG 資訊揭露內容及品質、加強金融機構落實氣候變遷風險管理及人才培育；方案 3.0 則是因應國際趨勢及氣候變遷之威脅，推動金融機構碳盤查及氣候風險管理、發展永續經濟活動認定指引、促進 ESG 及氣候相關資訊整合[9]、強化永續金融專業訓練等。

三、GRI 永續性報導準則

　　全球永續性報告協會（Global Reporting Initiative, GRI，亦有論者翻譯為「全球報告倡議組織」）[10] 於 2000 年率先向全球發布永續發展報告的揭露架構指引（GRI Guidelines，下稱「GRI 指引」），期望幫助全球企業和政府透過該指引，有效理解並向社會傳達報導組織[11] 於重大永續發展問題所面臨的衝擊及解決之

---

[9]　如建置 ESG 資料平臺及與相關單位研議優化氣候相關資料庫。

[10]　GRI 為由聯合國環境署於 1997 年創辦之獨立國際性組織，目的是創建對企業之問責機制，以確保企業遵守負責任的環境行為原則（Responsible Environmental Conduct Principles），隨後才將問責範圍擴大至包括社會、經濟和治理議題。

[11]　GRI 準則之適用對象除企業外，尚包括各種公、私立組織，故在 GRI 準則中會以報導組織（Reporting Organizations）指稱製作該報告書之主體。

道，GRI 指引並於 2016 年正式轉變為 GRI 永續性報導準則（GRI
Sustainability Reporting Standards，下稱「GRI 準則」），成為全
球第一個被廣泛使用的永續性報告標準 [12]。

依據 2021 年 10 月公布之新版 GRI 準則 [13]，GRI 準則分為三
大系列（圖 1-1）：通用準則、行業準則及主題準則，「通用準則」
適用於所有依循 GRI 準則報導的組織，組織再根據其經營的行業
類型使用「行業準則」，並根據其所列之重大主題來選用「主題
準則」。

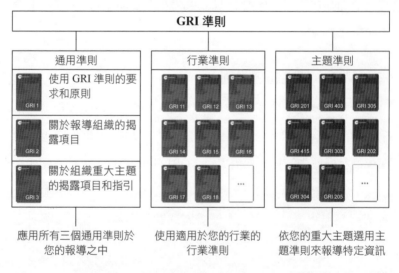

圖 **1-1**　GRI 準則：通用、行業及主題準則

資料來源：GRI 準則繁體中文版。

---

[12] GRI 官方網站，https://www.globalreporting.org/about-gri/mission-history/（最後瀏覽
日期：2023/2/20）。
[13] 此新版 GRI 準則於 2023 年 1 月 1 日正式生效，亦即 2023 年各組織發行 2022 年永
續報告書時，應依循新版通用準則 2021 之要求進行揭露。

（一）通用準則

　　於實際編製報告時，所有企業或組織皆應依循「通用準則」之規範進行揭露，「通用準則」係由 GRI 1、GRI 2 及 GRI 3 三個準則組成。GRI 1 準則為編製報告時之前導說明，GRI 2 準則始真正明列企業應揭露之項目，依據 GRI 2，企業應提供其有關報導實務、活動與工作者、治理、策略、政策與實務、利害關係人議合等之一般揭露資訊。這些一般資訊有助於深入瞭解企業概況與規模，並進一步認識造成企業衝擊的脈絡。GRI 3 則是為企業提供鑑別重大主題的逐步指引，包含決定重大主題的流程、重大主題列表以及如何處理每個重大主題的揭露項目，並說明如何在此過程中使用行業準則。

　　另外，就 GRI 準則中要求揭露之項目，如企業無法符合揭露項目或揭露項目中的要求，企業須在 GRI 內容索引表中指明無法符合哪些項目或要求，並且提供省略揭露之理由和說明。

（二）行業準則

　　GRI 行業準則為組織提供其可能相關的重大主題資訊，這些主題是根據行業最顯著的衝擊，並參考多方利害關係人的專業知識、政府間的官方文件和其他相關證據來鑑別。每個行業準則都會於開頭部分說明該準則適用之行業，公司或組織必須使用所有適用的標準，因此可能會同時使用多個行業準則。

目前「GRI 11 石油及天然氣行業準則」已於 2021 年發布，「GRI 12 煤炭行業準則」、「GRI 13 農業、水產養殖和漁業行業準則」也已於 2022 年發布，根據 GRI 之時程表[14]，採礦業行業準則也將於 2023 年發布，未來尚有食品及飲料業、紡織及服裝業等針對特定行業所制定之準則，將包括約 40 個行業別。故如企業之行業項目尚未被已公布之行業準則所涵蓋，則該企業無行業準則之適用[15]，有關重大主題之決定及揭露僅需適用通用準則之 GRI 3。

在某些情形下，組織得認定適用的行業準則中所包含的主題為不重大[16]，此時，組織亦需要在 GRI 內容索引表中列出，並說明認定為不重大之原因。

（三）主題準則

主題準則所涵蓋的揭露項目可供組織報導其有關特定主題的衝擊資訊。組織則係根據其使用 GRI 3 所決定的重大主題列表來

---

[14] GRI 官方網站，https://www.globalreporting.org/standards/standards-development/schedule-of-standards-projects/（最後瀏覽日期：2023/2/20）。

[15] 參閱 GRI 1：基礎 2021 中的要求 3-b。

[16] 此可能是因為組織評估該主題所涵蓋的特定衝擊不存在，或是因為與組織的其他衝擊相比，該主題涵蓋的衝擊並非最顯著者，例如：石油與天然氣行業的組織在決定其重大主題時必須使用「GRI 11：石油與天然氣行業準則 2021」。此行業準則中包含的主題之一是土地和資源權利。石油和天然氣專案通常需要土地用於營運、通道進出和配送。這可能導致當地社區非自願性重新安置等衝擊，可能涉及他們因無法獲得資源而導致實質性和經濟性的流離失所。但是，如果組織的石油和天然氣專案沒有產生這些衝擊，並且將來也不會產生這些衝擊，則該組織可以認定土地和資源權利主題不是重大主題。在此情形下，報導組織必須解釋為什麼它認定此主題對組織來說不是重大主題。例如：該組織可以解釋土地和資源權利不是一個重大主題，因為其現有的石油和天然氣專案位於無人居住的地區，並且沒有計畫在新的地區開工。

使用主題準則。主題準則係依經濟（GRI 201～207）、環境（GRI 301～308）、社會（GRI 401～418）三大類別再細分不同主題準則，任一組織需先決定其重大主題後再選擇符合之主題準則適用，故不會同時適用每份主題準則。

　　GRI 準則作為相當早期即開始於全球發展適用之永續揭露框架，許多企業在製作永續報告書，或政府部門在訂定相關規範時皆係參考或引用 GRI 之架構，例如我國《上市公司編製與申報永續報告書作業辦法》即明文訂定應參考 GRI 準則編製前一年度之永續報告書，並向證交所申報。另一方面，GRI 亦持續更新準則、制定標準，並提高使用 GRI 準則進行揭露的品質，同時與決策者、證交所、監管機關和投資方合作，以提高透明度並進行有效的報導。故對於企業經營者而言，應持續關注 GRI 準則之發展與適用，以確保企業對永續相關資訊之揭露符合主管機關、投資人、市場參與者之期待。

四、TCFD 架構

　　於討論 ESG 資訊揭露之脈絡下，除上開 GRI 準則外，TCFD 報告、TCFD 架構亦是不可或缺之重要規範框架。TCFD 全名為氣候相關財務揭露（Task Force on Climate-related Financial Disclosures）工作小組，其於 2015 年由國際金融穩定委員會（Financial Stability Board, FSB）所成立，起因於溫室氣體排放引起的全球暖化為

全球經濟帶來巨大風險，並將衝擊諸多經濟部門（Economic Sectors），由於投資人難以辨識哪些企業最容易處於氣候變遷風險或已做好萬全準備，故 TCFD 任務為擬定一套具明確、可比較性及一致性的自願性氣候相關財務資訊揭露建議，協助投資者與決策者瞭解組織重大風險，並可更準確評估氣候相關之風險與機會。

　　工作小組所提出的建議框架可適用於各類組織，目的為收集有助於投資人決策及評估具前瞻性的財務影響資訊，並高度著重於組織邁向低碳經濟轉型所涉及的風險與機會。工作小組依據組織營運核心的四大元素建立 TCFD 架構（如圖 1-2），並分別就金融產業和非金融產業發布補充指引，建議不同之揭露事項（如表 1-1），以協助投資者與決策者瞭解揭露組織如何評估其氣候相關之風險與機會；工作小組將氣候相關風險（Climate-related Risks）區分為與低碳經濟相關之「轉型風險」（Transition Risks）及與氣候變遷影響相關之「實體風險」（Physical Risks）[17]，並列出氣候相關機會（Climate-related Opportunities），以協助組織評估及揭露與業務活動最直接之氣候相關風險與機會。

---

[17] 轉型風險包括政策和法規風險、技術風險、市場風險及名譽風險；實體風險係指氣候變遷對組織造成之財務衝擊，如損害資產或供應鏈中斷等影響，包括立即性風險及長期性風險，立即性風險係以單一事件為主，包含颱風、龍捲風、洪水等極端氣候事件。長期性風險係指氣候模式的長期變化，如持續性高溫可能引起海平面上升或長期的熱浪等。

治理	策略	風險管理	指標和目標
揭露組織與氣候相關風險與機會的治理情況	針對組織業務、策略和財務規劃，揭露實際及潛在與氣候相關的衝擊	揭露組織如何鑑別、評估和管理氣候相關風險	針對重大性的資訊，揭露用於評估和管理氣候相關議題的指標和目標

建議揭露事項	建議揭露事項	建議揭露事項	建議揭露事項
(a) 描述董事會對氣候相關風險與機會的監督情況。 (b) 描述管理階層在評估和管理氣候相關風險與機會的角色。	(a) 描述組織所鑑別的短、中、長期氣候相關風險與機會。 (b) 描述組織在業務、策略和財務規劃上與氣候相關風險與機會的衝擊。 (c) 描述組織在策略上的韌性，並考慮不同氣候相關情境（包括 2°C 或更嚴苛的情境）。	(a) 描述組織在氣候相關風險的鑑別和評估流程。 (b) 描述組織在氣候相關風險的管理流程。 (c) 描述氣候相關風險的鑑別、評估和管理流程如何整合在組織的整體風險管理制度。	(a) 揭露組織依循策略和風險管理流程進行評估氣候相關風險與機會所使用的指標。 (b) 揭露範疇 1、範疇 2 和範疇 3（如適用）溫室氣體排放和相關風險。 (c) 描述組織在管理氣候相關風險與機會所使用的目標，以及落實該目標的表現。

圖 1-2　資訊揭露的建議和補充建議

資料來源：TCFD 氣候相關財務揭露建議繁體中文版。

表 1-1　針對金融產業和非金融產業的補充指引

產業和群體		治理		策略			風險管理			指標和目標		
		(a)	(b)	(a)	(b)	(c)	(a)	(b)	(c)	(a)	(b)	(c)
金融產業	銀行			■			■			■		
	保險公司				■	■	■	■		■		
	資產擁有人				■	■	■	■		■	■	
	資產管理人					■	■	■		■	■	
非金融產業	能源				■	■				■		
	交通運輸				■	■				■		
	材料和建築				■	■				■		
	農業、食品和林業產品				■	■				■		

資料來源：TCFD 氣候相關財務揭露建議繁體中文版。

五、SASB 及 ISSB [18]

　　SASB 準則係由永續會計準則委員會（Sustainability Accounting Standards Board, SASB）所制定，承前述有關責任投資原則之說明，SASB 準則旨在提供投資人所需要之永續資訊，並針對各產業別制定對財務有重大性影響的永續面向揭露指標。

　　SASB 準則目前是由 ISSB 管理。ISSB 之目標係整合目前國際間繁多之揭露準則，並研擬全球通用的企業永續揭露框架。ISSB 亦與 GRI 共同公告合作協議 [19]，說明雙方在制定標準的過

---

[18] 於 2021 年 6 月，SASB 與國際整合報導協會（International Integrated Reporting Council, IIRC）合併為價值報導基金會（Value Reporting Foundation, VRF）；而為支持國際財務報導準則基金會（IFRS）新成立之國際永續準則委員會（International Sustainability Standards Board, ISSB），VRF 又於 2022 年 8 月與 IFRS 完成整合，故現行是由 ISSB 接手 SASB 準則之管理。

[19] GRI and ISSB Provide Update on Ongoing Collaboration, https://www.globalreporting.org/news/news-center/gri-and-issb-provide-update-on-ongoing-collaboration/ (last visited: 2023/2/20).

程保持充分溝通，以利永續揭露標準得趨向一致，排除市場對於 ISSB 準則和 GRI 準則未來於適用上之疑慮。

此外，ISSB 公開表示會將 SASB 準則以行業區別規範之方法納入 ISSB 準則制定過程，故對市場而言，未來至少就 ISSB 準則和 SASB 準則之適用更容易上手。目前 ISSB 準則之進度停留在 2022 年 3 月底發布之兩號準則草案[20]，及 6 月底完成之對外意見徵詢，在此規範空窗期間，ISSB 鼓勵公司和投資者繼續全力支持和使用 SASB 準則[21]。

參、我國永續報告書規範之修正重點

配合上述國際發展趨勢，我國資本市場於 2010 年即公告《上市上櫃公司企業社會責任實務守則》，除企業之社會責任外，近年認為著重公司治理、企業永續發展始為企業社會責任之具體內涵，故金管會於 2020 年發布「公司治理 3.0 —— 永續發展藍圖」，配合藍圖規劃，2021 年《上市上櫃公司企業社會責任實務守則》名稱修正為《上市上櫃公司永續發展實務守則》，及配合修正相關條文[22]，其中即包括編製永續報告書，以強化企業永續

---

[20] 即永續揭露準則第 S1 號草案「永續相關財務資訊揭露之一般規定」和永續揭露準則第 S2 號草案「氣候相關揭露」。

[21] IFRS 新聞稿，https://www.ifrs.org/news-and-events/news/2022/08/ifrs-foundation-completes-consolidation-with-value-reporting-foundation/（最後瀏覽日期：2023/2/20）。

[22] 依據該實務守則，上市上櫃公司應依相關法規及上市上櫃公司治理實務守則辦理資訊公開，其中即包括編製企業社會責任報告書。2021 年配合國際發展趨勢及藍圖規劃，著重於揭露企業 ESG 等永續議題之資訊，故將企業社會責任報告書更名為永續報告書，亦同時確立我國主管機關將上市上櫃公司應公開之資訊逐步與國際 ESG 規範接軌。

發展，提升我國資本市場之國際競爭力。

　　有關永續報告書之編製係依據證交所《上市公司編製與申報永續報告書作業辦法》及櫃買中心之《上櫃公司編製與申報永續報告書作業辦法》（下稱《作業辦法》），其明訂符合一定條件之上市上櫃公司應編製永續報告書，並以 GRI 準則作為報告編製時之要求，嗣後有關報告書之內容及適用對象歷經六次修正。

　　最近一次修正係證交所於 2022 年 9 月 22 日公布，其主要修正原因，係因 GRI 準則於 2021 年發布更新版本[23]，故有關《作業辦法》中我國企業永續報告書之架構亦一併進行調整，對各產業應揭露之資訊更加明確規範，簡要說明如下：

一、加強各產業應揭露具產業重大性且投資人關注之永續相關指標

　　舊法僅要求食品、化工及金融保險業進行揭露，參考 SASB 之永續揭露指標進行規範，修正後加強規範水泥、塑膠、鋼鐵、油電燃氣、半導體、電腦及周邊設備、光電、通信網路、電子零組件、電子通路及其他電子業應揭露事項，並參考 SASB 準則，將各產業應揭露之永續相關指標增訂於附表中。

---

[23] GRI 2021 年新版準則已刪除核心／全面選項的區別，爰刪除《作業辦法》原相關文字，並依據新版 GRI 準則修正依循準則。

二、氣候相關資訊揭露事項

　　隨著氣候變遷影響加劇，國際趨勢皆逐步強化企業對氣候相關風險與機會之揭露，《作業辦法》修正後，要求規定之上市上櫃公司應於永續報告書中以專章揭露氣候相關資訊，並包括溫室氣體範疇一及範疇二之盤查及確信。此外，搭配新修正之《氣候變遷因應法》，不僅上市上櫃公司，有關各事業溫室氣體排放之資訊揭露義務正逐漸強化。

三、加強出具永續報告書確信意見書機構及人員之規範

　　依《作業辦法》，食品工業及符合規定之上市公司、化學工業、金融保險業，除應依產業別加強揭露永續指標，並應取得會計師依財團法人中華民國會計研究發展基金會發布之準則所出具之意見書。有關新增之氣候資訊揭露部分，符合規定之上市公司須依時程辦理溫室氣體經確信機構提出確信意見。證交所及櫃買中心於 2022 年 12 月 21 日已另行發布《上市上櫃公司永續報告書確信機構管理要點》，以規範出具永續報告書確信意見書之第三方機構及人員。

肆、《氣候變遷因應法》之修正重點

　　為達成我國邁向 2050 淨零排放目標，落實溫室氣體減量，我國《氣候變遷因應法》於 2023 年 1 月 10 日經立法院三讀通

過，並於 2 月 15 日經總統府公布後施行。本法原名稱為《溫室
氣體減量及管理法》，新法通過後確立碳定價機制並明定碳費徵
收，將決定未來企業該如何根據碳排放量來付費，也將加快企業
碳盤查和推動 ESG 減碳的腳步。

　　參考國際間運用之碳定價機制，新法之碳費徵收是由主管機
關環保署統一分階段對下列排放溫室氣體之排放源徵收碳費（第
28 條第 1 項）：「一、直接排放源：依其排放量，向排放源之所
有人徵收；其所有人非使用人或管理人者，向實際使用人或管理
人徵收。二、間接排放源：依其使用電力間接排放之排放量，向
排放源之所有人徵收；其所有人非使用人或管理人者，向實際使
用人或管理人徵收。」而為鼓勵碳費徵收對象大幅採行具體溫室
氣體減量措施，規定碳費徵收對象因轉換低碳燃料、採行負排放
技術、提升能源效率、使用再生能源或製程改善等溫室氣體減量
措施，能有效減少溫室氣體排放量並達主管機關指定目標者，得
提出自主減量計畫並申請核定優惠費率。

　　此外，事業或各級政府得自行或聯合共同提出自願減量專
案，據以執行溫室氣體減量措施，向主管機關申請核准取得減量
額度，取得減量額度之事業及各級政府，應向主管機關申請開立
帳戶，將減量額度之資訊公開於指定平臺，並得移轉、交易或拍
賣之。

由於溫室氣體造成氣候變遷衝擊範圍為全球性,本次修正亦建構國際碳邊境調整機制,以避免碳洩漏[24] 及維護產業之公平競爭力,明定事業進口經中央主管機關公告之產品,應向中央主管機關申報產品碳排放量,並依中央主管機關審查核定之排碳差額,於上開平臺取得減量額度,事業未依規定取得足夠減量額度者,應向中央主管機關繳納代金。但於出口國已實施排放交易、繳納碳稅或碳費且未於出口時退費者,得檢附相關證明文件,向中央主管機關申請核定減免應取得之減量額度。

《氣候變遷因應法》之相關子法繁多,據環保署表示,預計會在半年內提出最優先制定之項目,例如碳盤查、碳費徵收辦法、登錄管理辦法、認證查驗機構辦法,溫室氣體管理基金收支保管辦法等[25]。故未來碳排放資訊將更為透明,各事業將據此就其溫室氣體之排放及減量措施負責。

伍、ESG 內涵中之法律議題

一、以金融產業為例

金管會在 2022 年 9 月底正式發布「綠色金融行動方案 3.0」,希望能公私合力強化金融機構之角色,透過其對投融資部位之盤

---

[24] 指實施溫室氣體管制,可能導致產業外移至其他碳管制較為寬鬆國家,反而增加全球排碳量之情況。

[25] 「氣候法三讀 環保署半年內提出碳費徵收等 12 項子法」,自由時報,2023 年 1 月 10 日,https://news.ltn.com.tw/news/life/breakingnews/4181076(最後瀏覽日期:2023/2/20)。

查、風險與商機評估及策略規劃，驅動企業低碳轉型、揭露氣候相關資訊，帶動我國轉型至低碳或零碳經濟。並且為了配合國家的淨零目標，鼓勵金融業協助企業朝永續減碳轉型，金管會與環保署、經濟部、交通部、內政部在 2022 年 12 月 8 日共同公告「永續經濟活動認定參考指引」，鼓勵公司自願揭露營運主要經濟活動符合指引的情形，並鼓勵金融機構參考該指引進行投融資評估，積極與企業議合，希望促進金融業將資金導引至永續的經濟活動，帶動企業永續發展及減碳轉型。

除了在投融資評估下金融機構需要遵循之 ESG 相關指引，針對其執行之成效，提升金融業主動因應氣候變遷及 ESG 相關風險之能力，金管會亦提出評鑑標準，於 2022 年 12 月 29 日發布永續金融評鑑作業指標，正式啟動國內首次對金融機構進行之永續金融評鑑作業。

評鑑考量金融各業不同業務特性和風險，設計質化與量化題組，包括共同指標 112 題及分業指標 58 題，分為「永續發展綜合指標」與「環境 (E)、社會 (S)、公司治理 (G)」三支柱指標。「永續發展綜合指標」主要聚焦整體永續發展目標、永續治理架構、氣候風險管理及國際接軌等面向；「環境支柱指標」主要衡量包括氣候風險策略、淨零轉型支援、自然資源保護、自身減碳節能等議題；「社會支柱指標」主要衡量金融消費保護、普惠金融實踐、人權人力發展、資安個資保護等議題；「公司治理支柱

指標」則評估利害關係維護、治理機制強化、內部控制強化、資訊透明提升等議題。

　　而金融業本身為高度規管的行業，在《作業辦法》中，係強調揭露企業之資訊安全、普惠金融與永續金融，透過本身的內部控制機制，建立辦理投融資之標準；另外，銀行公會參考國際赤道原則協會公告之赤道原則 4.0 並納入會員授信準則[26]，盡可能地避免銀行提供資金給並未遵循 ESG 規範之企業，以發揮金融體系在促進整體社會追求永續發展之角色及功能[27]。政府機關希望透過強化綠色金融，由金融業引導整體產業規劃減碳轉型，朝永續發展。

---

[26] 相關規範重點說明如下：1. 銀行內部應就大型專案融資案件設置專案評估小組，以進行對環境與社會影響之專案評估審查及貸後監測；2. 銀行應確認授信戶已參照 TCFD 框架，對環境與社會高風險的大型專案融資案件評估分析其可能遭遇的氣候相關實體風險，並對高碳排量大型專案融資案件評估分析其氣候相關轉型風險；3. 銀行應確認授信戶已參照「聯合國工商企業與人權指導準則」（UNGP）框架，就大型專案融資案件可能對相關利害關係人（包括當地社區、住民、員工等）造成之影響進行評估調查；4. 銀行應確認大型專案融資案件授信戶是否依主管機關規範對該專案進行溫室氣體盤查；5. 大型專案融資之授信契約中應納入授信戶對環境及社會等相關事項之承諾性條款，及授信戶無法符合承諾條款時之相關措施；6. 大型專案融資案件如採聯貸方式辦理者，主辦行或管理行應協助參貸行取得該專案融資之環境與社會影響專案評估審查及貸後監測相關報告資訊；7. 銀行辦理大型專案融資案件，得視個案需要請授信戶委託第三方專業機構或獨立專業顧問協助相關評估作業。

[27] 根據金管會銀行局官網之說明（https://www.banking.gov.tw/ch/home.jsp?id=793& parentpath=0,8），銀行局督導銀行公會於公會會員授信準則中參採「赤道原則」之精神，並於 2022 年 4 月 11 日同意備查。據銀行局統計，截至 2022 年 12 月 5 日止，我國已有 20 家本國銀行及 1 家金融控股公司簽署赤道原則，其他未加入赤道原則之銀行辦理企業授信審核時，仍應依前開會員授信準則，將赤道原則之精神納入授信審核之考量，以藉由金融機制引導授信企業重視 ESG，鼓勵產業追求永續發展及達成減碳目標。

　　是以，在目前全球趨勢下，金融業投資或融資予並未遵循 ESG 規範之製造業，該製造業極有可能因被上下游供應鏈淘汰，影響金融業融資或投資之回收而遭受損失，金融業會更加審慎評估企業 ESG 之執行成效，避免發生損失。而金融業如本身並未遵循 ESG 的相關規範與揭露，甚或有「漂綠」的情況發生，除了可能影響投資人投資該金融業之意願外，公司亦可能受主管機關之裁罰，甚或影響其業務之發展。

二、以電子產業為例

　　我國電子及相關產業發展蓬勃，規模從上市櫃公司至中小企業皆有，上下游供應鏈完整，亦有和許多跨國企業合作之情形。有關 ESG 之實踐將會影響其是否能於供應鏈中存續，對大企業而言，甚而會影響與金融機構融資的難易程度。

　　參考 SASB 就「電子製造服務業（EMS）及委託設計製造商（ODM）」規範之永續會計準則揭露指標[28]，其中即包括溫室氣體排放、廢棄物管理、員工健康與安全、智慧財產權保護與競爭行為等主題之量化指標揭露，申言之，公司在進行此些揭露時，涉及之相關法規，如《廢棄物清理法》、《氣候變遷因應法》、《職業安全衛生法》、智慧財產權相關規範及《公平交易法》等皆需

---

[28] SASB, Electronic Manufacturing Services & Original Design Manufacturing Sustainability Accounting Standard, October 2018.

事前導入公司治理內涵、強化員工教育訓練，並於永續報告書中公開揭露公司執行情形，另外如有因違反相關法律事件造成之金錢損失，依據 SASB 準則亦應揭露。

　　對尚未受我國法規強制編製永續報告書之中小企業而言，基於合作對象之要求，亦需展現其對 ESG 或永續發展精神之實踐。以我國半導體製造大廠台積電為例，其致力提升供應鏈管理績效，發揮責任供應鏈的永續影響力，故要求其供應商皆須簽署《供應商行為準則》[29]（下稱《行為準則》）。參考《行為準則》，其定義出「勞工、健康與安全、環境保護、道德規範及管理體系」等五大要點，供應商應制定與《行為準則》內容相符之管理體系，確保符合與供應商營運和產品相關的適用法律、法規及客戶要求，諸如進出口法規、職業安全、工資與福利及公平交易、廣告和競爭標準等。

　　再者，電子業中有關半導體及薄膜電晶體液晶顯示器等特定行業製程別更屬於環保署公告之「第一批應盤查登錄溫室氣體排放量之排放源」，其自 2016 年公告後，應於每年 8 月底前完成前一年度全廠（場）溫室氣體排放量盤查登錄作業[30]，而自 2023 年 1 月 1 日，第二批事業應盤查溫室氣體排放量之排放源規定生

---

[29] 《供應商行為準則》，https://esg.tsmc.com/download/file/esg_supplysCodeOfConduct_c.pdf（最後瀏覽日期：2023/2/20）。

[30] 行政院國家永續發展委員會，「環保署公告修正『第一批應盤查登錄溫室氣體排放量之排放源』」，2022 年 8 月 8 日，https://ncsd.ndc.gov.tw/Fore/News_detail/d50c7b08-ce24-43ad-8d59-eccbba7aa6a0（最後瀏覽日期：2023/2/20）。

效，相關產業中有更多製程別納入，再輔以剛生效之《氣候變遷因應法》及如火如荼籌備中之相關子法，對電子產業而言，瞭解碳盤查、驗證、碳費繳納等相關規範刻不容緩，以避免涉及碳排登錄不實、短報或漏報碳費或其他相應規範而受到處罰。

綜上，依產業類型或規模之差異，企業於實踐 ESG 內涵時有不同注意事項，且因應個別行業別法規範之要求，而需擬定不同計畫及目標，並需專業第三方協助，如公司碳排放之盤查及查驗，涉及第三方專業機構認證；公司管理體系之建立，或勞資規範之遵守及危機處理等，則涉及法律意見之評估，應尋求專業協助。

陸、結語

ESG 蔚為潮流，但相關概念及規範目前全球尚無統一適用之 ESG 資訊揭露架構，各國就是否強制揭露或揭露之對象、範圍亦未同步，觀察我國近期的修法動態，對於永續資訊之揭露義務及資訊正確性，主管機關對上市櫃公司課予較高責任，對於規模較小之事業，則是因其產業、業務類型逐步要求須提供 ESG 資訊。我國《作業辦法》目前規範文字相對簡要，惟參就歷次修訂理由，GRI 準則、SASB 準則及 TCFD 架構皆是《作業辦法》之制定依據，申言之，有關 ESG 揭露框架尚處於發展之階段，國內政策日後仍可能隨著國際趨勢發展而適時調整。

ESG 或永續發展之概念實質上已發展近二十年，已從聯合國理念倡議階段轉變為對企業營運之實質影響，且大小企業同受波

及，最主要之原因係隨著責任投資原則、綠色金融商品及責任供應鏈之落實與要求，及歐盟碳邊境調整機制之施行，企業理解及遵循最新之 ESG 相關規範，已屬當務之急。企業應針對其特性，評估自身 ESG 之重要議題，與利害關係人議合，並做出有效回應[31]，始能向投資人說明，更利於資本市場上取得資金及爭取交易機會；隨著各國政府、交易所將 ESG 資訊之揭露納入強制規範，ESG 資訊揭露更形重要，我國《氣候變遷因應法》之修訂，已具體化企業之減碳義務，故企業必須更慎重處理溫室氣體排放資訊，進行碳盤查及碳足跡等永續發展數據的揭露，以符合《氣候變遷因應法》的規定，且須同時符合國際供應鏈的標準。

於永續報告書編製上，所涉及的面向眾多，依據企業之類型而有不同 ESG 面向之實踐，不同產業均會因不同之產品、服務或規模，而須達成不同之永續目標，從上述 GRI 準則及 SASB 準則乃至尚在草擬階段之 ISSB 準則皆以行業區別作為規範方法，故企業應針對其類型屬性訂定相符之 ESG 規劃與目標，形塑自身 ESG 文化。企業應適時尋求專業協助，以充分掌握 ESG 所生規範與營運風險，並進行商業規劃，使企業得在 ESG 浪潮中突顯其價值並永續長存。

---

[31] 根據常見之第三方認證準則 AA1000 當責性原則（2018），第三方認證機構對永續報告書之認證意見，其一即包括組織應對重大永續性主題及其相關影響採取行動，且報告內容的傳達是否有足夠證據呼應到利害關係人關注事項、政策及相關標準及做出有效回應。

永續報告書編製之
法律責任與風險

谷湘儀、賴冠妤

壹、前言

　　近年來國際間開始重視企業有關環境、社會及治理（ESG）之議題，相較於傳統上對企業要求公告財務資訊外，愈來愈多國家開始強制符合一定條件之行業或公開發行公司發布 ESG 報告以揭露 ESG 資訊，投資人也開始以企業之 ESG 揭露作為投資決定的重要指標。而我國證券交易所（下稱「證交所」）及證券櫃檯買賣中心（下稱「櫃買中心」）於 2014 年分別發布《上市公司編製與申報企業社會責任報告書作業辦法》及《上櫃公司編製與申報企業社會責任報告書作業辦法》，要求符合條件之上市櫃公司每年應參考全球永續性報告協會（Global Reporting Initiative, GRI）發布之最新版永續性報告指南、行業補充指南及依行業特性參採其他適用之準則編製前一年度之企業社會責任報告書，並在 2021 年配合國際發展趨勢，修正名稱為《上市公司編製與申報永續報告書作業辦法》及《上櫃公司編製與申報永續報告書作業辦法》（下合稱《永續報告書作業辦法》），除了屬食品工業、化學工業及金融保險業者或餐飲收入占其全部營業收入之比率達

50% 以上之業者外，上市櫃公司其股本達 20 億者需自 2023 年開始依適用《永續報告書作業辦法》編製永續報告書。而為了因應國際潮流或國外上下游廠商之要求，許多非屬強制揭露永續報告書的企業亦開始自願性地編製永續報告書。

　　過去企業所編製之企業社會責任報告書曾被批評是企業的作文比賽，然而，在永續報告書日趨重要，且投資人於進行投資決策時，參採永續報告書所揭露的資訊比例也日趨增加，永續報告書所揭露的內容開始影響投資人的投資決策，國外亦開始有因為永續報告書揭露內容所產生的訴訟或裁罰，是以，企業編製永續報告書的心態也必須進行轉變，不能一味「隱惡揚善」，而必須確切認知相關的法律責任與風險。本文將針對國外的案例與我國實務，探討永續報告書編製之法律責任與風險。

貳、國外案例：打擊漂綠及不實揭露

　　由於 ESG 資訊逐漸成為企業口號，濫用或標榜 ESG 作為商品名稱或宣傳企業形象，衍生出不少亂象。為遏止摻偽，歐盟於 2021 年 3 月 10 日推出歐盟永續金融規範（Sustainable Finance Disclosure Regulation, SFDR），透過統一標準去揭露和審視金融商品 ESG 落實程度，以剔除漂綠金融產品[1]。而基金評鑑機構晨

---

[1] 理財小百科—歐盟永續金融規範，https://www.fund.gov.tw/News_Content.aspx?n=1862&sms=11760&s=18841（最後瀏覽日期：2023/2/1）。

星（Morningstar）亦於 2022 年緊縮對於 ESG 基金的認定標準，將超過 1,200 檔、資產管理總值 1.4 兆美元的基金自 ESG 基金中「除名」[2]。

　　而英國廣告標準管理局（Advertising Standards Authority, ASA）亦於在 2023 年首度下架 HSBC 的永續宣傳廣告，也展現出英國主管機關打擊企業漂綠的決心。在下架的廣告中，HSBC 宣傳「目標於全球提供近 1 兆元的融資及投資協助客戶達到淨零的轉型」，並且宣傳「將協助種植 200 萬棵樹木減碳」，ASA 共收到 45 起申訴，表示這些廣告是具有誤導性的。ASA 亦認定廣告將誤導一般民眾認為 HSBC 對環境做出正面有益的貢獻，惟在此同時 HSBC 仍持續融資給碳排大戶的企業，並對此隻字未提[3]。

　　而德意志銀行旗下的德意志資產管理公司（DWS），其管理資產規模超過 9,000 億歐元，因宣稱超過一半的資產採用 ESG 投資，遭檢舉有漂綠的嫌疑，在 2022 年 5 月 31 日 DWS 及德意志銀行位於德國法蘭克福的辦公室遭搜索，而次日 DWS 執行長 Asoka Woehrmann 也因此去職[4]。檢舉人指控 DWS 的永續投資基

---

[2] 「《假面 ESG 現形記》以減碳為使命做電動車，特斯拉竟被踢出標普 ESG 指數，馬斯克究竟做錯什麼？」，今週刊，2022 年 6 月 15 日。

[3] Slaughter and May, "ASA's Ban on HSBC's 'Greenwashing' Adverts Indicative of Increasing Regulatory Scrutiny," https://www.lexology.com/library/detail. aspx?g=695d66ac-de09-4977-92d8-aafcb392a7fc (last visited: 2023/2/1).

[4] 「【CSR@天下】德意志銀行因涉嫌『洗綠』遭國檢方搜索、調查 金融資產的 ESG 純不純大有關係」，CSRone，2022 年 6 月 21 日，https://csrone.com/topics/7405（最後瀏覽日期：2023/2/1）。

金涉嫌欺詐性廣告，有關單位調查後發現，DWS 僅在部分投資產品及流程考量 ESG 的因素，其餘大量產品並未將 ESG 因素考慮在內，與 DWS 在基金銷售說明書中所為的聲明恰好相反[5]。

而無獨有偶，美國證券交易委員會（Securities and Exchange Commission, SEC）在 2021 年 3 月成立了氣候與 ESG 的工作小組（Climate and ESG Task Force），調查 ESG 相關的不當行為。而在 2023 年 SEC 針對漂綠或是 ESG 報告的不實陳述，也對一些企業做出了指控與裁罰。2022 年 4 月 28 日 SEC 起訴巴西礦業巨頭淡水河谷（Vale）有證券詐欺的行為，指控淡水河谷在永續報告書及 ESG 相關文件中的揭露存在重大不實與誤導，虛報大壩的安全狀況。該安全狀況資訊揭露，是源自於三年前的事故，於 2019 年 1 月 25 日淡水河谷位於巴西布魯瑪迪紐（Brumadinho）尾礦壩潰堤，採礦廢棄物隨著潰堤被沖刷至河中，造成環境污染，且造成 270 人死亡。SEC 經過調查後認為，淡水河谷明知該尾礦壩係由有毒的採礦廢棄物建成，並不符合國際認證的大壩安全標準。然而，淡水河谷卻持續在永續報告書及其他公開的申報中，宣稱公司致力於遵守最嚴格的國際慣例評估大壩的安全，且公司的大壩 100% 被認證處於穩定狀態。SEC 因而認為淡水河谷在永續報

---

[5] 「因涉嫌『漂綠』辦公室遭搜查，德銀資管 CEO 宣布辭職」，騰訊網，2022 年 6 月 2 日，https://new.qq.com/rain/a/20220602A013RQ00（最後瀏覽日期：2023/2/1）。

告書及 ESG 相關文件中，就有關安全資訊的揭露有虛偽陳述與重大遺漏，違反了《聯邦證券法》反詐欺的規定，並向紐約州地方法院提起訴訟[6]。

　　SEC 隨後在 2022 年 5 月 23 日發布新聞稿，指控紐約梅隆投資顧問公司（BNY Mellon Investment Adviser, Inc.）對 ESG 基金有錯誤陳述或遺漏，並且在部分其所管理基金進行投資決策時，並未將 ESG 的因素納入考量；針對此項指控，紐約梅隆投資顧問公司與 SEC 達成和解，同意支付 150 萬美元的罰款[7]。SEC 在新聞稿中亦表示，愈來愈多的投資顧問或基金，為了滿足投資者對於 ESG 相關策略和投資的需求，會在進行投資決策時，將 ESG 策略納入考量，或是整合 ESG 的標準，然而，如果投資顧問並未準確地描述其在投資選擇的過程中，如何考量及整合 ESG 因素時，SEC 將會追究投資顧問的責任[8]。

---

[6] U.S. Securities and Exchange Commission, "SEC Charges Brazilian Mining Company with Misleading Investors about Safety Prior to Deadly Dam Collapse," https://www.sec.gov/news/press-release/2022-72 (last visited: 2023/2/1).

[7] U.S. Securities and Exchange Commission, "SEC Charges BNY Mellon Investment Adviser for Misstatements and Omissions Concerning ESG Considerations," https://www.sec.gov/news/press-release/2022-86 (last visited: 2023/2/1).

[8] 「紐約梅隆因 ESG 錯誤陳述遭 SEC 罰款 150 萬美元 SEC 據報計劃打擊誤導性 ESG 投資聲明」，香港經濟日報，2022 年 5 月 24 日，https://inews.hket.com/article/3259727/%E3%80%90ESG%E3%80%91%E7%B4%90%E7%B4%84%E6%A2%85%E9%9A%86%E5%9B%A0ESG%E9%8C%AF%E8%AA%A4%E9%99%B3%E8%BF%B0%E9%81%ADSEC%E7%BD%B0%E6%AC%BE150%E8%90%AC%E7%BE%8E%E5%85%83%E3%80%80SEC%E6%93%9A%E5%A0%B1%E8%A8%88%E5%8A%83%E6%89%93%E6%93%8A%E8%AA%A4%E5%B0%8E%E6%80%A7ESG%E6%8A%95%E8%B3%87%E8%81%B2%E6%98%8E（最後瀏覽日期：2023/2/1）。

　　2022 年 11 月 22 日，SEC 也指控高盛資產管理公司未能遵守 ESG 的投資政策和程序，對高盛資產管理公司處以 400 萬美元的罰款，SEC 表示高盛資產管理公司多次未能遵守 ESG 政策和程序，因而對高盛資產管理公司進行開罰 [9]。

　　從上開案例可以看出公司的 ESG 策略將影響公司整體的營運，宣稱導入 ESG 政策但未確實執行，或是過度強調對環境的貢獻卻不同等揭露企業對造成的環境風險，皆有可能適得其反，在監管單位與一般民眾逐漸重視揭露資訊的情況下，僅片面揭露正面 ESG 資訊，或是過度誇大揭露內容，往後可能對企業產生更多的風險。

參、永續報告書編製所生之法律責任

　　從國外的案例可以得知，未來的監管趨勢將會著重於打擊漂綠以及不實揭露。而回到我國永續報告書的編製，在永續報告書制度化及普遍化的情況下，如果企業揭露永續報告書內容有誇大不實，對於企業或第三方驗證機構可能產生的民事責任或刑事責任，則值得進行探討。詳細有關企業永續報告書編製的法規依據及標準，請參考上一篇文章〈企業於 ESG 政策下應面對之規範與議題〉。

---

[9] U.S. Securities and Exchange Commission, "SEC Charges Goldman Sachs Asset Management for Failing to Follow its Policies and Procedures Involving ESG Investments," https://www.sec.gov/news/press-release/2022-209 (last visited: 2023/2/1).

　　依《證券交易法》第 20 條第 2 項規定：「發行人依本法規定申報或公告之財務報告及財務業務文件，其內容不得有虛偽或隱匿之情事。」按目前財務報告之申報或公告的規範，《證券交易法》皆有明確規定或授權訂定編製年報之準則，而永續報告書是否屬依《證券交易法》規定申報或公告之財務業務文件目前解釋上尚有討論空間，除了公開發行公司年報應行記載事項準則及相關規範上所列之推動永續發展執行情形與符合一定條件之公司應揭露氣候相關資訊等與永續報告書之相關內容，係適用年報之規範，如資訊不實有虛偽或隱匿之情事，仍會有《證券交易法》之相關責任者外，其餘永續報告書之內容，因上市櫃公司編製永續報告書的法源，是依證交所的營業細則及櫃買中心的業務規則分別訂定，其資訊不實時，是否當然適用《證券交易法》之相關責任，仍有討論空間。按目前國外的監管趨勢，監管永續報告書揭露內容的標準愈趨嚴格，不排除將來主管機關將提議於《證券交易法》明確立法，或提高規範永續報告書之法規位階，在有較為嚴格及縝密的申報及編製標準，且有明確之法授權規範，不只是投資方，公司的融資方及上下游廠商，皆更加仰賴永續報告書所揭露之內容時，對於判斷公司財務業務狀況不僅依公司之財務報告或年度報告之情況下，將來實務上永續報告書極有可能被認定係屬證《證券交易法》第 20 條第 2 項所規定的業務文件。

　　若認定永續報告書屬《證券交易法》規範的業務文件，其內容如有虛偽或隱匿之情況，則依《證券交易法》第 171 條第 1 項

第 1 款規定，違反《證券交易法》第 20 條第 2 項，將處 3 年以上 10 年以下有期徒刑，得併科新臺幣 1,000 萬元以上 2 億元以下罰金。再者，依《證券交易法》第 174 條第 1 項第 5 款規定，發行人、公開收購人、證券商、證券商同業公會、證券交易所或第 18 條所定之事業，於依法或主管機關基於法律所發布之命令規定之帳簿、表冊、傳票、財務報告或其他有關業務文件之內容有虛偽之記載，處 1 年以上 7 年以下有期徒刑，得併科新臺幣 2,000 萬元以下罰金。因此，對於企業所編製之永續報告書如有虛偽記載，企業將可能面臨民事責任，而「為行為之負責人」將可能面臨刑事責任。

　　然而，目前上市櫃公司的財務報告與年報皆係依循相關規範，永續報告書的編製程序並未建立，究竟誰是「為行為之負責人」並無法明確認定。目前依《永續報告書作業辦法》之問答集，《作業辦法》並未強制規範永續報告書需經過董事會決議通過，此為公司自治事項。但依據《公開發行公司建立內部控制制度處理準則》第 8 條第 1 項第 9 款，公開發行公司應建立財務及非財務資訊之管理相關內部控制制度，永續報告書屬非財務資訊，仍需依循內部控制制度進行管理；公司管理階層應盡善良管理人之注意義務，確保永續報告書之品質。目前永續報告書在並未強制需經董事會決議之情況下，公司董事是否仍需為永續報告書之編製內容負責？如果僅係以善良管理人之注意義務確保永續報告

書之品質，並未建立如上市櫃公司申報及編製財報之明確流程，直接對公司之管理階層，論以《證券交易法》之刑事責任恐有爭議。如果未來擬將永續報告書認定為《證券交易法》規範的業務文件，則仍須依照財務報告建立一定的編製及核准程序，並且也需有更為細緻的第三方驗證程序，以釐清相關的法律責任。

　　我國目前雖無針對永續報告書內容所生的訴訟。然而，針對永續報告書的前身「企業社會責任報告書」所記載內容衍生法律責任及義務，實務上有部分案例對此做出認定。台灣電力股份有限公司（下稱「台電公司」）就 2014 年所發生的高雄氣爆事故，對李長榮化學工業股份有限公司（下稱「榮化公司」）等被告所提起的損害賠償訴訟，而檢察官亦以業務過失致死罪起訴榮化公司相關人員，而案件中榮化公司是否對地下管線負維護保養責任為本案的重要爭點。而法院判定榮化公司對地下管線安全維護保養責任的其中一個理由，係參酌榮化公司 2014 年所發布的企業社會責任報告書，榮化公司 2014 發行之企業社會責任報告書記載「廠內成立直屬廠長之長途管線管理室」、「（二）長途管線安全強化；包括：緊密電位和滿電流檢測、管線巡檢、管線開挖、管線耐壓測試、陰極防蝕檢測、管線電流測繪」，該報告書內容即敘明被告榮化公司負有強化長途地下管線安全維護保養之責，為此，法院認定報告書係被告榮化公司再次肯認自身對於長途地下管線之應有責任，而總公司亦須對此進行監督。（臺灣高

雄地方法院 104 年度重訴字第 454 號民事判決、臺灣高雄地方法院 105 年度重訴字第 104 號民事判決。）

　　而在勞工訴訟的案件中，亦有茂迪股份有限公司（下稱「茂迪公司」）員工以企業社會責任報告書所載內容，要求公司給付年終獎金，法院判決理由認定原告身為被告公司之員工，乃為利害關係之第三人，被告公司依據《企業責任報告書作業辦法》製作企業社會責任報告書，其目的乃在使被告公司於創造利潤、對股東利益負責的同時，還要承擔對所有利害關係人的責任，員工既為利害關係人之一，被告公司本應依據企業社會責任報告書所揭露公司員工之原則，對於員工負起企業責任。依據 2013 年茂迪公司企業社會責任報告書，其中有關公司員工部分明確記載「固定薪資：固定 14 個月年薪」，被告公司 2014 至 2018 年企業社會責任報告書，雖修正為「固定薪資：固定薪資 12 個月及 2 個月年終獎金」，然被告公司仍將年終獎金列於固定薪資欄位，而被告公司尚有自行臚列及定義「變動薪資」之部分，足徵被告公司於企業社會責任報告書中已明確向利害關係人即員工揭露，公司員工薪資政策乃固定薪資 14 個月。是以，法院認定茂迪公司於企業責任報告書所載之內容為茂迪公司之實際薪資政策，而認為年終獎金係屬原告的公司，判定原告勝訴。

　　由上開法院的實務見解可以看出，法院就企業社會責任報告書所記載之事項或承諾，將作為企業是否負有義務之參考，亦可

能作為對企業為不利判斷的證據。倘若企業在發布永續報告前。並未確實確認永續報告書內容的真實性以及準確性，除了可能產生《證券交易法》的責任外，揭露內容將可能被作為訴訟上的不利證據。

肆、結語

從前述國外打擊漂綠與不實揭露的案例可知，目前國外的監管機構對於企業過度誇大永續報告書的揭露內容，或資產管理公司宣稱導入 ESG 投資政策辦理並未遵循的不當的行為，正在積極調查並且制定相關政策以導正企業編製永續報告書的態度，也避免企業利用 ESG 的噱頭誤導投資人的投資決策。在愈來愈多上市櫃公司將加入編製永續報告書的情況下，我國監管機關亦可能參考國外的監管制度，對於永續報告書內容的正確性進行監管，企業在編製永續報告書的時候，不能僅以揚善隱惡的心態對 ESG 的事項進行揭露，導入 ESG 政策時，也必須確實遵守相關的政策程序，以避免將來可能產生的法律風險。

永續報告書不能僅作為企業宣傳的工具，企業在報告書記載的 ESG 相關政策導入或是願景，可預見主管機關及投資人甚或是法院，將來都會採取更為嚴格審視的態度。雖然永續報告書是否屬於《證券交易法》的業務文件尚未有定論，但按我國的實務見解趨勢，永續報告書揭露內容將可能作為訴訟上不利認定的

證據，企業在編製永續報告書的內容必須更加務實，不能過度美化，企業明知無法完成的願景，或與企業實際執行程序不符的內容即不應記載於永續報告書，以避免將來作為訴訟中對企業負擔義務的不利證據。

第二篇

能源產業發展趨勢

- 離岸風力發電第三階段相關法律議題初探
- 企業再生能源購售電合約之問題分析、應用及展望
- 漁電共生土地租賃之實務常見法律問題
- 再生能源售電業電能收購對象之實務問題及解析
- 《電業法》第 39 條線路設置權之實務分析

離岸風力發電第三階段 相關法律議題初探

吳必然、吳孟融、陳聖禪

壹、前言

根據國際工程顧問公司 4C Offshore 在 2014 年發布的全球「23 年平均風速觀測」研究，臺灣在全球最適合離岸風力發電的 20 處風場中占了 16 處，顯示臺灣在風電上所具備之天然優勢[1]。為培植我國離岸風力發電經驗，經濟部採「先示範、次潛力、後區塊」三階段開發策略，並以「先淺海，後深海」作為推動策略[2]。第一階段：提供補助示範獎勵，引導投入；第二階段：公告潛力場址，先遴選後競價；第三階段：政府主導區塊開發，帶動產業發展，領海內未開發之離岸風場進行整體區塊劃設，並推動本土供應鏈全面產業化，包括：風力機關鍵零組件、塔架、水下基礎、海纜、海事工程船舶製造等，完善離岸風電產業供應體系。

---

[1] Global Offshore Wind Speeds Rankings, http://www.4coffshore.com/windfarms/windspeeds.aspx.

[2] 行政院重要政策網頁，「全力推動離岸風電─打造台灣成為亞洲離岸風電技術產業聚落」，2019 年 6 月 13 日，https://www.ey.gov.tw/Page/5A8A0CB5B41DA11E/9eebb9b8-490b-4357-963f-a48a981852a7。

經濟部已於 2022 年 8 月 5 日公告離岸風電邁入第三階段區塊開發，第一期為 2026 至 2027 年完工併聯風場，選商也已於 2022 年底公布結果。本文擬就臺灣離岸風力發電第三階段區塊開發可能面臨之相關問題提供初步想法，期能有助於我國發展離岸風電產業之前景及發展空間。

貳、離岸風力發電之特殊性

由於風力發電是利用風能轉換成電能，因此風場位置的選擇特別重要。臺灣作為島國地形，四面環海，一年四季在沿岸地區都有強風吹拂，適合發展風力發電。在基礎建置上，陸域風機在開發上面臨土地取得不易；目前臺灣陸上風機已趨飽和，而離岸風電之風機則是建置於陸地外海床上，不需使用到陸地，建置地廣且可建置風機數多，海上風能也較陸地豐富，景觀上及噪音上也較不會有當地居民反彈的風險。

然而，離岸風電也存在較高的技術門檻及開發成本，現階段離岸風電整體發電成本約為陸域風電 2.5 至 3 倍，由於離岸風機尺寸巨大，裝設地點又在海上，因此不論是運輸或安裝都需要特殊的工作船，再加上國內以往對於相關海事工程經驗較為缺乏，技術的要求及昂貴的造價對於欲加入的廠商都是負擔。而離岸風場開發初期投入金額龐大，單一風場投資動輒新臺幣數百億元，財務上非國內單一金融機構所能獨力承攬，需要金融體系的融資

支援，雖然臺灣離岸風場開發正於蓬勃發展之際，但業者憂心國內金融機構仍對提供離岸風場專案融資採取相對保守的態度，離岸風場開發業者因而轉向國外尋求投資人奧援或於其他管道籌措資金。

參、我國離岸風力發電發展政策

2012 年經濟部依據《再生能源發展條例》第 11 條授權規定，公告施行《離岸風力發電示範獎勵辦法》，採取與陸域風電初期推廣相同做法，期透過提供設備經費補助、引導投入之方式，鼓勵業者設置離岸示範風場，目標於 2015 年前完成離岸風電示範機組設置，2020 年完成示範風場開發、併聯發電。最終取得示範資格之海洋 Formosa 1 與台電一期示範案，分別在 2019 年及 2022 年於苗栗及彰化外海完工併網及正式商轉。

在第一階段風場開發商陸續取得示範機組施工許可證、通過環評審查後，經濟部能源局公告《離岸風力發電規劃場址申請作業要點》，開放以彰化縣外海為主、總開發潛能概估約可達 2,300 萬瓩之「36 處潛力場址」，而第二階段潛力場址開發策略與先前之最大差異在於納入國產化要求，並採取「先遴選 350 萬瓩，後競價 200 萬瓩」漸進式發展時程，遴選案的併網期程愈晚，國產化項目要求愈多，並要求開發商配合基礎設施建置期程，落實在地產業之發展。於此階段，離岸風電開發已不僅為能源結構轉

型策略，亦為我國能源產業升級策略，依工業局之產業布局，國內供應商可朝向建立水下基礎、電力設施、風力機組及海事工程等四大系統之本土供應鏈，以進入開發商與系統商之國際供應體系。第二階段離岸發電規劃場址遴選及競價結果亦在 2018 年中陸續公布，得標之風場至今如火如荼地開發及建設中。

由於風場的前置作業需要投入大量成本及時間，在第二階段風場公告遴選結果後，業者也隨即開展第三階段的風場開發籌備相關作業，經濟部亦於 2021 年中公告《離岸風力發電區塊開發場址規劃申請作業要點》，正式啟動離岸風電第三階段區塊開發作業，於 2026 至 2035 年共建置 1,500 萬瓩之容量，預計每年釋出 150 萬瓩，並採「先履約能力審查，後競價程序」方式評選開發商，並設置單一風場及相同開發商獲配容量上限為 50 萬瓩（例外可彈性放寬至 60 萬瓩）。

在選商機制上也因為企業再生能源購售電合約（Corporate Power Purchase Agreements, CPPA，或簡稱企業購電合約）的興起，躉購金額的競價不再是考量的主要因素，而是著重在技術能力與財務能力的履約能力審查。另外，國產化的項目及評分也是區塊開發中的重頭戲，依工業局之規劃，國產化的發展項目清單，可分為電力設施、水下基礎、風力機組零件、海事工程服務與工程設計服務等四大類共計 29 項；其中海上變電站的變壓器、開關設備、配電盤、功率轉換系統，風力機的變槳旋角系

統，工程設計服務之相關設計服務包括風力機下部結構、海上變電站、海纜鋪設等，總計這八項為新增項目。

肆、離岸風力發電第三階段所涉及之法律議題

離岸風電發展至今，已進入第三階段區塊開發的選商作業，但開發商和經濟部最大爭執點仍是設備國產化的要求。政府希望透過要求離岸風場開發商自主承諾落實產業關聯方案、持續發展新興技術，深耕產業聚落，促進投資與創造就業，以及鼓勵產業採購、產業合作、產業投資以打造我國離岸風電之產業鏈。但國產化的要求將直接影響成本及興建速度等各項因素，所以開發商在此議題上亦須深思熟慮。

此議題若從成本角度切入，我國為鼓勵及發展再生能源，使用了保障收購年限及收購金額的躉購制度，利用穩定的報酬率及現金流來吸引投資人開發再生能源。因此在使用躉購制度的環境及背景上，若同時要求開發商應配合國產化義務，以扶持我國再生能源之產業及技術，應屬合理。然而，在離岸風電第三階段已演進到以 CPPA 取代台電躉購契約作為風場的收入來源時，也象徵著政府對於風場經濟補貼或優惠政策的退場，可能全面回歸市場機制，因此有些評論指出，若過度要求國產化，似恐無強而有力的正當化基礎。

　　因此，伴隨著國產化的要求，目前行政契約範本中雖針對未達到國產化要求採取「記點制」，至最終查核時若改善則取消處罰。但不論是未達到國產化要求的處罰，或是針對風場開發進度落後或未達標的處罰，是否適合一體使用在躉購制度已經退場的離岸風電第三階段上，似乎值得思考。從原先被考慮在行政契約草案中加入將違約期間內生產之 20% 電能以較低的價格售予台電的罰則為例，在躉購制度下看似合情合理的處罰，就有相關業者提出在 CPPA 下不僅因開發商並未在電價上受惠而欠缺處罰的正當化理由，更將直接導致開發商左右為難的囚犯困境 ── 究竟該把發出來的電能依照 CPPA 賣給企業用戶？還是依照行政契約的處罰賣給台電？

　　事實上，不僅國產化跟行政契約的思考方向與 CPPA 有關，CPPA 身為風場的收入來源，可謂是離岸風電第三階段的核心，有別於以台電為後盾的躉購制度，CPPA 本身條款的設計及企業用戶本身的財力及信用皆為銀行判斷該風場可融資性的重點。另外，由於離岸風電的設備裝置容量較大，因此並非所有的企業用戶都有辦法像台電以往按躉購制度照單全收，可能會出現一對多的售電模式，在多個合約當事人及複數法律關係的重疊或競合下，不論是在技術操作或是 CPPA 的安排上，皆要將其納入考量並反映在條文中。

伍、結語

　　全球經濟市場於經歷疫情及區域性戰爭後，承受巨大通膨壓力，但再生能源發展的重要性不減反增，離岸風電第三階段作為我國未來再生能源的指標及生力軍，自然備受矚目。國產化政策不僅可以創造就業機會，長期則可使國外技術轉移至國內廠商，進而使本國產業獲得輸出零組件與設備的國際競爭力，可謂一石二鳥之計，然而，若過度保護是否與自由經濟的立場相違，以及業者提出若強制要求使用未臻全面成熟或是造價昂貴的國內零組件，輕則可能造成資源無效率配置，重則導致成本增加恐將直接轉嫁於未來企業用戶在 CPPA 的電價上，甚至是否影響電力市場自由化的進程等，不同面向問題仍有待觀察。如何制定出最適合的標準跟遊戲規則，在不過度介入市場機制下帶動臺灣離岸風電產業鏈的國產化，才能吸引更多資金導入離岸風電領域，並提供足夠的綠電給企業用戶使用，則有賴政府與業者的共同努力。

企業再生能源購售電合約之問題分析、應用及展望

游晴惠、吳孟融、傅雅芝

壹、前言

2050 淨零排放目標目前已有全球超過 130 個國家響應或參與，可知再生能源已逐漸成為全世界未來的趨勢。由氣候組織（The Climate Group）與碳揭露計畫（Carbon Disclosure Project, CDP）所主導的 RE100 全球再生能源倡議，就是致力於將全世界影響力最廣的企業聚集起來，從用電者的角度，透過自發自用綠電、購買再生能源憑證，或是簽訂企業再生能源購售電合約（Corporate Power Purchase Agreement, CPPA）來承諾，以在 2050 年前達成 100% 使用再生能源的目標，藉此改變並翻轉整個傳統電力供需市場。使用再生能源不僅對企業形象有正面加分效果，其亦已隨科技發展及市場普及逐漸成為落實企業社會責任，並同時實現獲利的管道，故各大國際品牌無不響應。而在國際減碳趨勢、綠色供應鏈要求及法規範義務的多重效應加速下，我國的綠電交易市場需求大增，近年亦呈現快速發展趨勢，法規亦配合電業自由化進行開放，自此臺灣的電力交易市場進入全新的世代，電力供需正在被重新塑造中，亦有了嶄新的市場機制。

貳、企業再生能源購售電合約背景簡介

　　谷歌（Google）於 2019 年簽下臺灣史無前例的第一份 CPPA，正式打響綠電自由化的第一槍。其後台積電（TSMC）更分別在 2020 年及 2021 年與沃旭能源（Ørsted）及達德能源（wpd）簽署容量高達 92 萬瓩及 120 萬瓩的 CPPA，更是宣告民間企業採購綠電的市場正式進入百家爭鳴的戰國時代。不論是為了滿足法規用電大戶條款的義務、ESG 永續投資的決策目標，或係為躋身綠色供應鏈之一環，臺灣大大小小、各行各業的民間企業無不開始前仆後繼地投入綠電採購。

　　而臺灣的 CPPA 最早似乎是先從大型太陽能案場作為標的開始發跡，當時不論是時空背景、法規、相應配套等，均是處於較為初期發展的階段。其後，CPPA 之標的也漸漸從大型太陽能案場轉向遍地開花的小型屋頂型案場，且再生能源售電業也慢慢開始摸索出在綠電交易市場中應扮演的角色及地位，善用其中盤商的市場位置，達到綠電媒合以及積沙成塔的效果，甚至已經開始研擬綠電「團購」的可能性。

　　隨著我國離岸風電的開發階段及政策進入到第三階段，在台電躉購制度逐步退場的情形下，可想而知的是，未來高達 1,500 萬瓩的離岸風電容量將會透過 CPPA，將綠電賣給民間企業，相較於 CPPA 陸續熟悉的太陽光電領域，面對開發時程較長、資本

支出較高、容量較大的離岸風電，已經是未演先轟動的兵家必爭之地，更成為臺灣綠電自由交易未來的指標及趨勢。

參、企業再生能源購售電合約基本條款介紹

　　企業再生能源購售電合約，或簡稱企業購電合約，顧名思義為買賣合約的一種，買賣的商品即是「電力」，而且限於所謂的綠電，也就是利用再生能源設備所發出的電力，這也是政策上藉由僅開放綠電交易來作為鼓勵再生能源發展的方式之一。

　　而電力不同於一般產品，具有不易儲存、電力生產與消費幾乎同時發生、需求彈性低之特色，因此扮演電力傳輸功能的台電就成了關鍵，故在技術及規格上皆由台電統一進行規範。此外，對於多數人及企業而言，電力是重要的能源及民生必需品，因此在大多數的國家中，電價受到政府管制，電力價格較無市場機制可言，而臺灣 CPPA 的價格亦相當程度地受到台電迴避成本（灰電的價格）及躉購費率（綠電的價格）的影響，再由各個發電廠依據各自的興建及維運成本，精算出銷售電力的價格，而逐漸在一定區間中形成市場價格。

　　CPPA 除了電力價格受到台電躉購費率的影響外，台電再生能源躉購合約的條件，通常也是各企業購電合約的模板。一份基本的 CPPA 所涵蓋的案場資訊、計價方式、技術細節等，通常皆可參考台電躉購合約來撰寫。然而，由於民間企業採購綠電的目

的及所欲達成的效果，皆跟背負政策目標來收購綠電的台電有所不同，因此也造就兩種合約的差異。

首先，最大的差異在於台電躉購合約為了鼓勵綠電，提供為期20年的保證收購價格及期間，然而，CPPA則將視個案需求來決定合約期限，在價格上亦可能會有浮動式價格，甚至搭配複雜及多樣化的調整公式。其次，相較於台電就整批電力進行收購，CPPA則僅會承諾或保證收購自己所需的電量，剩下的電量如同銷售不完的商品一般，發電廠需要再另行尋找買家，或選擇賣給台電。最後，在現今供不應求的綠電市場，部分CPPA會要求買方支付保證金或押金，來確保其買方義務的履行，甚至有業者設計出信託架構來確保各方權益，可知CPPA就合約設計的彈性及靈活度而言，都比台電躉購合約多了不少。

肆、企業再生能源購售電合約的三支箭

如上所述，CPPA的對照組，即為台電躉購合約，兩相比較之下，台電躉購合約的優點將被很明顯地放大，並且成為CPPA的「痛點」。台電躉購合約，顧名思義就是台電保證收購的合約，在年限上及價格上，提供了20年期固定價格的綠電收購，不僅為發電廠（及其投資人）提供了穩定的收益，更可以說是臺灣再生能源在近年來崛起並蓬勃發展的最重要推手，然而，台電的背後畢竟是政府所支持，且在為達成再生能源政策目標的助

力之下，方能提供如此優渥的條件，對於企業戶而言，購買綠電雖有法規要求、ESG 甚至綠色供應鏈的需求，但遠不及台電可以開出的優渥條件，縱使企業戶可以開出媲美台電的購電條件，但 CPPA 作為發電廠唯一的收入來源，企業戶的履約能力及信用評等，均會成為案場融資銀行評估的重點，一旦無法滿足案場融資銀行的需求，可得融資的貸款數額可能將受到打折，連帶將影響到整個再生能源專案的資金成本，甚至可能直接決定案件的存亡。因此，如何利用其他機制來彌補 CPPA 與台電躉購合約的落差，就成為未來臺灣 CPPA 是否能大量普及，甚至取代台電躉購合約的關鍵。

如果說開放綠電自由交易的再生能源轉供服務是催化 CPPA 誕生的原因的話，那接下來所要介紹及說明的「再生能源憑證」、「台電躉購合約雙向道」及「開放再生能源售電業」，可以稱為推動 CPPA 的三支箭，分別對 CPPA 的活躍度有著極高的重要性。

首先，要說明的是「再生能源憑證」。再生能源憑證的有無，可以說是 CPPA 與台電躉購合約的最大差異點，也可以說是企業戶購電的最大原因。再生能源憑證，又稱為綠電的身分證，目的在於將綠電的環境效益具體化，不論是現在已經存在的用電大戶條款需求、日益重要的企業社會責任報告書，甚至是國際上溫室氣體盤查及碳權等，都可作為其證明或表彰。也因為再生能源憑證可能有如此高的經濟效益，CPPA 在再生能源憑證的加值

下，可以將綠電賣出更好的價格，但也因此，如何在 CPPA 下，將再生能源憑證的申請、取得及歸屬、轉讓及宣告等規範清楚，也就成了 CPPA 的一大重點，尤其在台電躉購合約並未規範再生能源憑證相關安排以供參考的情況下，勢必須對法規面及實務操作面均有一定程度的熟悉，方能於 CPPA 中將再生能源憑證相關內容規劃及設計到位。

　　其次，政府在推行 CPPA 之時，為了避免再生能源業者承擔過大的風險，使原先只能將台電躉購合約轉換成 CPPA 的「單行道」，透過修正《再生能源發展條例》，改成了兩者皆可以轉換的「雙向道」，此舉無疑對於再生能源開發商或發電廠投資人而言打了一劑強心針，代表再生能源業者可以勇於嘗試運作 CPPA，而在運行結果不如人意時，還可能有轉換回台電躉購合約的後備方案，不至於造成一步走錯，就無法回頭的窘境。然而，《再生能源發展條例》僅簡單規定自 CPPA 改為台電躉購合約時，應依據相關再生能源發電設備首次提供電能時之費率，但似未明確規定是否能適用優惠的簽約費率（離岸風電）或是回溯費率（太陽光電），或僅適用該設備併聯當日之該年度公告費率；另外，轉換回台電躉購合約時，其購電年限是否為重新起算 20 年？抑或是加上原先的 CPPA 已經過期間合計應為 20 年？該等問題皆未明確，但這些都是直接決定該發電廠收入的核心要素（收購價格及收購年限），均將直接牽動「雙向道」制度所發揮的功能及效果。

最後，要說明的是「開放再生能源售電業」。有別於上述「再生能源憑證」增加綠電價值及「台電躉購合約雙向道」，提供穩定需求方的制度，再生能源售電業的開放，係增加市場參與者來活絡市場，創造、增加交易的機會來提升市場的流動，如同產品市場中的中盤商及零售商一般，在商品供應商（再生能源發電廠）及消費者（有購電需求的企業戶）間調節商品數量及市場需求。換言之，再生能源售電業可以整合數個小型再生能源發電廠的綠電，將其集合起來後賣給有大量綠電需求的企業戶，省去該企業戶針對數個小型再生能源發電廠逐個簽訂 CPPA 的麻煩；抑或將大型再生能源發電廠所發出來的綠電分散賣給不同的企業戶，來分擔買方無法順利履約的風險。再者，再生能源售電業身為綠電市場中的玩家，不僅可以擔任所謂的經紀商或代理商，或許可能會出現不同的擔保架構，未來甚至可能參考金融市場交易而發展出所謂的包銷制度，這些可能性都為 CPPA 注入了活水。

伍、借鏡外國經驗及未來展望

曾有媒體報導指出，臺灣的綠電均被台積電給壟斷，對於臺灣的綠電市場下了既患寡又患不均的評語，亦有業者指出臺灣的綠電供給量並非不足，而是無法有效地分配到有需求的企業戶手上。其實兩種說法皆有其見地。然而，或許台積電成為批評者口中的綠色怪獸的真正原因，來自於臺灣的綠電制度及市場，可

以說是成也躉購制度，敗也躉購制度；因為躉購制度提供了非常強烈的投資誘因，導致臺灣的綠電市場要逐漸從躉購制度演進到CPPA 時，多數人均已習慣躉購制度的運作方式並習以為常，導致信用評等良好、對於綠電有大額需求的台積電就成為了「民間的台電」，幾乎給出了與台電不相上下的條件，雖然對於綠電市場而言是強而有力的後盾，但似乎也可能某程度降低了 CPPA 的靈活度。

觀諸國外的綠電市場及 CPPA，不論是浮動價格的調整機制、最低收購量及保證收購量的安排，皆比我國目前 CPPA 在市場上運作的實況來得複雜許多，最大的原因不外乎，我國市場已經習慣了台電躉購合約及台積電 CPPA 所開出的條件，導致一旦有新穎的條款或條件被提出，也沒辦法短期內被接受，或撼動本來已經慣行的架構或內容。然而，隨著再生能源如火如荼地建置，不僅小型的太陽能電廠如雨後春筍般逐漸落成，大型的太陽能電廠、陸域風電也陸續開發中，離岸風電更是從 2023 年開始邁入第三階段，未來將會有合計 1,500 萬瓩的容量會投入 CPPA。除了市場上再生能源容量不斷提高外，透過 CPPA 的綠電交易也愈來愈頻繁，因此，不論是國外 CPPA 經常使用的條款，或是CPPA 在臺灣所遇到的相關問題或困境，都可能會因為在市場機制上逐漸找到答案及解法，創造出富有臺灣特色的綠電交易市場。

漁電共生土地租賃之
實務常見法律問題

任書沁、陳國瑞

壹、漁電共生發展背景

近年隨著能源發展的快速變遷，全球處於能源轉型的時刻，再生能源成為各國爭相發展的領域之一。臺灣近幾年廢除核能及減少化石能源的聲浪高漲，推動能源轉型發展再生能源也隨之成為政府首重的課題。經濟部先是在 2016 年提出 2025 年再生能源占比達 20% 之目標[1]，並於 2017 年 4 月完成修正「能源發展綱領」，訂下「能源安全」、「綠色經濟」、「環境永續」、「社會公平」之目標，作為國家能源發展之指導原則[2]。政府亦在 2019 年修正《再生能源發展條例》，訂定再生能源發電設備推廣目標總量在 2025 年達到 2,700 萬瓩之目標[3]，並授權經濟部具體

---

[1] 「推動再生能源發電量 目標 2025 年達 20%」，總統府新聞，2016 年 8 月 25 日，https://www.president.gov.tw/NEWS/20654（最後瀏覽日期：2023/5/16）。

[2] 經濟部，「能源發展綱領」，2017 年 4 月修正，頁 1。

[3] 《再生能源發展條例》第 6 條第 1 項：「中央主管機關得考量國內再生能源開發潛力、對國內經濟及電力供應穩定之影響，訂定未來二年及中華民國一百十四年再生能源推廣目標、各類別再生能源所占比率及其發展計畫與方案並公告之，另規劃一百十四年再生能源發電設備推廣目標總量達二千七百萬瓩以上」。

訂出各項再生能源之發展目標，例如經濟部規劃太陽光電長期設置
目標為 2025 年達成 2,000 萬瓩，其中屋頂型為 300 萬瓩，地面型為
1,700 萬瓩 [4]。

　　太陽光電相較於離岸風電等其他再生能源，相關技術更為成
熟且國內產業鏈完整，成為政府大力推動的再生能源種類之一。
然而在太陽光電的發展上，由於臺灣地狹人稠，如何取得太陽光
電電廠之用地，即成為發展太陽光電的首要課題。考量到日照時
數穩定的南部地區有大量土地係以養殖漁業為主要利用方式，政
府故而推出以土地複合利用為主軸的「漁電共生」政策，以現有
養殖漁業基礎結合太陽光電發電設施，在維持養殖生產的同時達
到發展綠能的目的，兼顧養殖產業及綠能產業的發展。

　　雖然有了可利用土地的來源，但應循何種模式取得土地之利
用權限，以及如何有效保障太陽光電開發商及投資方之權益，並
兼顧地主、養殖漁民既有的利用模式，成為近年來實務上開發漁
電共生太陽能案場的問題之一。土地利用權限的取得不僅須考量
未來太陽能案場收益之預估，更須考量如何妥善保護案場能持續
不中斷地利用該地，具體的合約內容有時候隨著案場開發的進展
更涉及開發商、投資方等不同角色間如何協商出可行且有效的法
律架構安排。本文將依本所過往參與案件的相關經驗，整理目前

---

[4]　經濟部，「109 年太陽光電 6.5GW 達標計畫（核定本）」，2017 年 10 月，頁 1。

實務上常見的法律相關問題，期待未來隨著漁電共生的發展日趨成熟，綠能產業能在臺灣生根成長。

貳、土地租賃契約常見法律問題

一、概述

　　漁電共生之目的在結合養殖利用，達到「養殖為本，綠能加值」之目標[5]，以落實能源安全、綠色經濟及環境永續之願景。然而，並非所有現有的養殖土地均可被用來申請建置漁電共生太陽能案場，在原先被劃作農業使用的土地上架設太陽光電設備，首要的問題就是確認是否會對當地環境及生態產生影響。然而，傳統上用以解決開發與環境平衡的環境影響評估制度卻有耗時過長的問題存在，為了能達成前述的再生能源占比目標，但同時也能確保社會及環境共存共榮，政府於 2020 年引入「太陽光電環境與社會檢核機制」（下稱「環社檢核」），將漁電共生專區納入環社檢核的程序。在環社檢核制度下，因應區域生態議題程度不同，以圖資套疊篩方式將全國魚塭分為較無生態環境疑慮區及稍具生態疑慮區，區分不同的開發流程，使較無生態及環保議題之土地能加快開發腳步。

　　在確認土地無法規上開發之障礙後，接下來便是要與地主協商如何取得土地之使用權限。由於考量到案場開發之成本，直接購買土地取得土地所有權雖然是最能保障案場存續的選項，但購地將大幅增加太陽光電案場的開發成本，特別是案場涉及的土地面積廣大，全數以購地方式取得土地所有權通常並不划算。此外，《民法》針對取得土地利用權限的情形另設有地上權之權利類型。地上權簡單來說可以想像成效力更強的租約，具有《民法》物權對世之效力，一般常見於大型的都市土地開發案中，透過設定長期的地上權取得土地開發權限。然而地上權的設置通常同樣對於太陽光電案場的開發來說成本過高。綜上所述，一般實務最常見的方式仍是直接與地主簽訂租賃契約取得土地之使用權限，只有在少數例外的情況下，例如該地會用來建置升壓站等設施或是有租約無法解決的土地利用問題，開發商或投資方才會考慮直接向地主購買土地。

二、租賃期間之約定

　　透過租賃的方式取得土地使用權限，首先最需要確認的就是租賃期間是否足以涵蓋整個太陽光電案場的售電期間。由於專案公司（Project Company，一般指持有案場開發權限及相關設備所有權之公司）與台灣電力股份有限公司（下稱「台電」）簽署的電能購售契約期間為首次併聯日起 20 年，故租賃契約至少須能

夠涵蓋首次併聯日起20年的期間。然而，案場對土地的利用不是只有上述的售電期間，前期興建的期間開發商就須開始使用土地來建置相關設施，建置期間視案場類型及規模，通常會需要1到3年不等的時間，故租賃期間勢必會需要超過20年以上。但《民法》第449條第1項及第3項規定，除了在租用基地建築房屋的情形外，租賃契約之期限，不得逾20年。因此，為了在案場開始開發之前，就先與地主確認好未來直到售電期間結束時租金等相關條件，避免租約無法完整涵蓋建置期間及售電期間或須中途換約等造成土地使用權的不穩定，實務上發展出「第一租約」及「第二租約」的概念，第一租約的租賃期間涵蓋案場的建置期間，第二租約則涵蓋售電期間20年，透過這種方式讓專案公司能在開發初期就先確定未來整個案場的建置期間及售電期間均有權持續使用該土地。

實務上常見到土地開發商未注意到《民法》對租賃期間之限制，而未在簽署租約時妥適預為安排，例如只與地主簽署一份租約且租賃期間記載為「自租賃契約簽署日起至本案場首次併聯日起20年期滿之日止」，如果租賃契約在案場開始建置前就已簽署，上述租賃期間的約定方式實質上將超過20年，則依前述《民法》第449條第1項之規定，該土地租賃契約之租賃期間將縮短為自簽署日起20年，在扣除建置期的時間後即無法完整涵蓋案場20年的售電期間。

三、買賣不破租賃之適用

　　以租賃方式來取得土地使用權限，相較於直接購買土地或是設定地上權，最大的差異即在於租賃契約僅為債權契約，僅能對地主主張租賃契約中約定之權利，不像地上權等物權具有對世效，可對其他第三人主張。舉例而言，如果一塊土地設定地上權後，地主又將土地轉讓給第三人，該第三人仍須受到地上權的拘束，地上權人仍可繼續使用該土地而不受土地所有權轉讓的影響，該第三人原則上無法阻止地上權人繼續使用該土地。

　　然而，租賃契約雖然不像地上權一樣有對世效，但《民法》基於保障承租人權益之目的，特別在第 425 條第 1 項定有賣賣不破租賃，規定於租賃物交付後，承租人占有中，縱使出租人將租賃標的之所有權讓與第三人，該租賃契約對於受讓人仍可繼續存在。亦即若出租人將租賃標的轉讓給第三人時，第三人仍須繼續受租賃契約的拘束，承租人可繼續依照原先約定的條件使用租賃標的。然而，第 425 條第 2 項規定上述買賣不破租賃的規定，在不動產租賃的情況下，必須是經過公證，或是租期未逾五年的情況下才有適用。簡言之，五年以上之土地租賃契約須符合「經公證」、「出租人交付租賃標的」、「承租人占有租賃標的」三項要件，始有買賣不破租賃之適用。因此，太陽光電的租賃契約均會要求必須經過公證，以求適用上述買賣不破租賃之規定，最大程度地保障案場土地的使用權限。

四、既存抵押權相關問題

　　另一個太陽光電的土地承租方常碰到的問題在於，若該地在承租之前已設定有抵押權時該如何處理？《民法》第866條規定：「不動產所有人設定抵押權後，於同一不動產上，得設定地上權或其他以使用收益為目的之物權，或成立租賃關係。但其抵押權不因此而受影響（第1項）。前項情形，抵押權人實行抵押權受有影響者，法院得除去該權利或終止該租賃關係後拍賣之（第2項）。不動產所有人設定抵押權後，於同一不動產上，成立第一項以外之權利者，準用前項之規定（第3項）。」亦即，如果抵押權登記發生在簽署土地租賃契約之前，則當抵押權擔保之債權屆期未受清償時，抵押權人得實行抵押權拍賣該抵押之土地後，以拍賣所得之價金受償，但由於該抵押之土地上有租賃契約存在，如果因為該租賃契約的存在，導致抵押權人實行抵押權受有影響，法院得終止該租賃關係後再拍賣該抵押之土地。

　　換言之，如果在承租土地時發現土地上有抵押權登記，則未來即有租賃契約被法院除去的風險存在，這也是開發商或是投資方在太陽光電相關開發案件中須特別注意的法律風險之一。在投資方以股權收購的方式取得專案公司股權的情形下，實務上有許多方式可減低上述風險，例如可將該抵押權擔保之債權金額考量在本案開發成本內，視該擔保債權金額之高低，要求賣方承擔該風險，將該擔保債權之金額自買賣價金中扣除等，或是可由專案

公司與土地所有權人、債權人協議，於抵押權擔保之債權有違約
情事時，先由專案公司代為清償抵押權擔保之債務，嗣後再由專
案公司向債務人求償等，透過相關之約定，避免租賃契約遭法院
依前述《民法》規定移除的風險。

五、土地由數人共有之相關議題

　　太陽光電的土地承租方另一個須注意的議題是土地由數人
共有的情形。由於農業用地經過幾代的繼承後，常常出現一塊土
地地號由數百人共有的情形，此時土地開發商或投資方就須注意
是否可取得足夠的共有人來同意出租該土地。《民法》第 820 條
第 1 項至第 3 項規定：「共有物之管理，除契約另有約定外，應
以共有人過半數及其應有部分合計過半數之同意行之。但其應有
部分合計逾三分之二者，其人數不予計算（第 1 項）。依前項規
定之管理顯失公平者，不同意之共有人得聲請法院以裁定變更之
（第 2 項）。前二項所定之管理，因情事變更難以繼續時，法院
得因任何共有人之聲請，以裁定變更之（第 3 項）。」依上述
規定，共有物之管理，包括出租等行為，除契約另有約定外，應
以共有人過半數及其應有部分合計過半數之同意，或是應有部分
合計逾三分之二之共有人同意。即同意的人數須超過二分之一且
其持分也須超過二分之一，或是同意之人所占持分可達三分之二
以上。

　　依上述規定，首先要確定的就是，共有人之間是否另訂有分管契約來約定該共有土地的管理方式。依《民法》第 826 條之 1 第 1 項規定：「不動產共有人間關於共有物使用、管理、分割或禁止分割之約定或依第八百二十條第一項規定所為之決定，於登記後，對於應有部分之受讓人或取得物權之人，具有效力。其由法院裁定所定之管理，經登記後，亦同。」共有人間簽署的分管契約可向地政機關登記，第三人即可在地政機關查詢該土地是否登記有分管契約。然而上述登記並非必要，因此仍有必要向共有人確認共有人間是否有分管契約之約定。若共有人間並未簽署分管契約，則將按上述之門檻由共有人表決是否同意出租。

　　須注意《民法》第 820 條第 2 項規定如多數共有人之管理（即多數共有人出租土地之行為）有顯失公平之情形時，不同意之共有人得聲請法院以裁定變更之；同條第 3 項則規定有情事變更使該出租行為難以繼續之情形時，法院亦得因任何共有人之聲請，以裁定變更之。換言之，多數人共有之土地若是透過上述多數決的方式出租，須注意有遭法院裁定變更的風險。

　　此外，亦須注意的是，透過上述多數決出租的租賃標的乃是該塊地號之土地全部，而非同意出租之共有人將其應有部分的權利出租予承租人，也因此不同意出租之共有人原則上仍有權收到承租方使用該土地所支付之對價，通常會是依應有部分之比例將租金分配予各共有人，在簽署租賃契約時須注意契約中相關用字及約定內容，避免日後產生爭議。

參、結語與展望

　　實務上，對於適於開發的土地，常常會先有土地開發商成立專案公司，與地主簽署完租賃契約後，再將專案公司出售給投資方進行後續的案場建置工作。然而，若一開始簽署的租賃契約未注意到上述相關問題，常常會面臨被投資方或銀行要求重簽租約的問題，然而租約一旦簽署後，要再與所有地主重新協商租約並簽署，又會碰到許多實際的困難，包括可能需要重新協商租金等問題，因此，妥適的草擬租賃契約內容將可省去很多麻煩，並且能更完善地保障案場各方當事人的權益。

　　除了上述土地租賃關係中應注意的法律問題，在與地主及養殖戶協商相關租賃及養殖條件時，也應注意當地社區對太陽光電開發的態度及疑慮。雖然漁電共生的概念立意良善，試圖將臺灣傳統漁業養殖環境與太陽光電的發展相結合，但也並非一路走來未受任何批評與質疑，架設太陽光電設備在魚塭上仍然會對養殖漁民產生一定的衝擊，包括許多現有的養殖用地其實是由地主出租給養殖戶進行養殖，這些養殖戶在案場的興建期間將無法繼續養殖，導致收入中斷等問題[6]，因此除了租約中相關的法律問題外，業者如何妥適顧及地主及原有養殖戶之利益，亦將成為太陽

---

[6]　「七股民眾北上抗議『種電氾濫』光電業者願溝通 經濟部承諾總量管制」，信傳媒報導，2022 年 11 月 4 日，https://www.cmmedia.com.tw/home/articles/36960（最後瀏覽日期：2023/5/16）。

光電案場未來是否能順利營運的關鍵之一，政府如何建立一個有效的溝通平臺也將影響太陽光電能否順利推展，幫助臺灣完成能源轉型的關鍵。

再生能源售電業電能收購對象之實務問題及解析

游晴惠、吳孟融、林芊

壹、前言

因應全球氣候變遷問題，我國於 2019 年 4 月 12 日修正通過《再生能源發展條例》，放寬再生能源發電業者得選擇將綠電躉售予公用售電業（即台灣電力股份有限公司，下稱「台電」），或於綠電市場自由交易，將電能直供或轉供予民間用戶，並要求屬用電大戶之企業[1]必須設置一定裝置容量之再生能源設備、儲能設備，或購買一定額度之再生能源電力及憑證[2]；我國行政院並於 2022 年 4 月通過《溫室氣體減量及管理法》修正草案，將該法律之名稱更名為《氣候變遷因應法》，並將 2050 年溫室氣體淨零排放之減量目標明定於法條之中，未來再生能源將以占總電力

---

[1] 依《一定契約容量以上之電力用戶應設置再生能源發電設備管理辦法》第 3 條第 1 項之規定，為「與公用售電業簽訂用電契約，其契約容量達五千瓩以上，且應依本條例第十二條第三項及第四項規定履行義務之電力用戶」。

[2] 《再生能源發展條例》第 12 條第 3 項：「電力用戶所簽訂之用電契約，其契約容量在一定容量以上者，應於用電場所或適當場所，自行或提供場所設置一定裝置容量以上之再生能源發電設備、儲能設備或購買一定額度之再生能源電力及憑證；未依前項規定辦理者，應向主管機關繳納代金，專作再生能源發展之用。」

占比 60% 至 70% 之重要角色，引領我國整體電力供應朝去碳化之目標邁進。

同時，近年疫情及極端氣候之跨國問題持續延燒，永續發展之議題更加普及於各國政府及企業之間，淨零（Net Zero）、碳中和（Carbon Neutral）及負碳排（Carbon Negative）等概念陸續被提出，有更多的企業開始思考在營利的同時，如何兼具永續經營的理念，因此，代表環境（Environment）、社會（Social）及公司治理（Governance）之 ESG 評量指標逐漸被採納為評量企業營運之標準，其中就環境部分，常見之評量項目即包含企業是否改用再生能源供應之電力。

基於以上環境及政策之演變，「2050 淨零排放」、「ESG 永續投資」、「能源轉型」、「缺電」等議題，已然成為社會大眾重視的熱門議題，綠電交易市場逐漸熱絡，選擇售綠電予企業用戶之再生能源發電業者日益漸增，除由再生能源發電業者直接與企業用戶簽署企業再生能源購售電合約（Corporate power purchase agreements, CPPA，或簡稱企業購電合約）之典型交易模式，再生能源售電業亦崛起，即由再生能源發電業者將綠電售予再生能源售電業，再由其轉售予企業用戶之雙層售電架構。

經濟部能源局（下稱「能源局」）於 2019 年 9 月 5 日核發我國第一張再生能源售電業執照予陽光伏特家電力股份有限公司，而依據能源局公告之「再生能源售電業基本資料」，截至 2023 年

5 月 25 日止，短短 3 年復 8 個月之時間，取得再生能源售電業執照之民間企業共計已有 45 間[3]，可見再生能源售電業之蓬勃。

　　然而於許多綠電購售新興交易型態興起的同時，我國綠電交易市場卻面臨綠電「荒」的窘境，許多中小企業想要加入綠電的行列，卻遇上買不到電的困境，究竟是綠電的發電量供不應求？抑或是其他原因所導致？而是否有解決之道？本文將首先針對再生能源售電業綠電之收購對象進行探討，再點出再生能源發電業者現於實務上面臨之困難及問題，最後給予現行《電業法》於修正上及解釋上之建議。

貳、售電業電能收購對象探討

　　《電業法》第 45 條第 1 項規定：「發電業所生產之電能，僅得售予公用售電業，或售予輸配電業作為輔助服務之用。再生能源發電業，不受此限。」依此規定，再生能源售電業者得收購屬於發電業之第一型再生能源發電設備所生產之電能乃無庸置疑，惟由於《電業法》第 69 條第 1 項本文規定：「自用發電設備生產之電能得售予公用售電業，或售予輸配電業作為輔助服務之用，其銷售量以總裝置容量百分之二十為限。」在解釋上，被認定為除符合特定條件之情況外，自用發電設備所生產之電能，僅得將

---

[3]　能源局官方網站，https://www.moeaboe.gov.tw/ecw/populace/content/Content.aspx?menu_id=8887（最後瀏覽日期：2023/5/25）。

20% 裝置容量所生產之電能售予台電，而不得於綠電市場進行交易。

　　然而，第三型再生能源發電設備之申設流程較為簡便、建置速度較快，所耗成本亦較低，相較於第一型再生能源發電設備申設流程繁瑣且建置期長，對一般中小企業而言，跨足再生能源市場之門檻較低，截至 2022 年，全臺第三型再生能源發電設備之總裝置容量已約有近 600 萬瓩，占全臺中小型電廠 95% 以上之比例，如欲根本解決綠電「荒」的問題，促進更多企業加入綠電購售行列，或許該從此下手，將第三型再生能源發電設備所生產之電能作為綠電市場之交易標的。

參、第三型電廠轉為第一型電廠之困難及問題

　　依現行《電業法》及電業主管機關之解釋，第三型再生能源發電設備如欲參與綠電交易市場，則須申請轉為第一型再生能源發電設備（俗稱「三轉一」），成為《電業法》所定之發電業後，始得將綠電售予企業用戶或再生能源售電業，依據《電業登記規則》之規定[4]，第三型再生能源發電設備須備具經營計畫書、

---

[4] 《電業登記規則》第 14 條第 1 項：「利用再生能源發電之自用發電設備，依再生能源發電設備設置管理辦法取得設備登記者，得檢具下列書圖文件，逕向電業管制機關申請派員查驗；其經查驗合格，並核發或換發發電業執照：一、第五條第一項及第二項規定登記書圖文件。二、竣工查驗表。三、第三型再生能源發電設備設備登記函。四、簽訂完成之購售電合約。五、自有資金至少占總投資額百分之十八之財力證明文件。」

工程概要表、內線圖、線路分布圖、資格證明證件、營業規章、竣工查驗表、第三型再生能源發電設備登記函、簽訂完成之電能購售契約以及自有資金至少占總投資額 18% 之財力證明文件，向設備所在地之地方電業主管機關提出申請，並由該機關將申請案核轉能源局審核，實務上申辦三轉一程序通常須耗時 8 個月至 12 個月，流程相當繁瑣、耗時，屬長期受人詬病之問題，亦是造成綠電「荒」之根源，雖能源局已在逐步簡化相關申請流程，惟實務上第三型再生能源發電設備業者，仍面臨許多轉型上之困難，包含：

一、案場融資困難

再生能源案場於建置期，多有向銀行融資之需求，於正式售電後，亦可能基於財務安排，而再有融資之需求，由於第三型再生能源發電設備本來之售電對象即為台電，銀行毋庸擔心台電會有遲延付款、不付款等違反電能購售契約之行為，因此，在融資申請上，較不會遇到太大的困難，然而，當第三型再生能源發電設備欲三轉一成為第一型再生能源發電設備時，由於售電對象可能變為再生能源售電業或一般企業用戶，在信用評價上有所落差，業者則可能面臨遭融資銀行調整貸款條件之要求，甚至是借不到錢的情況，而需要透過使用信託專戶等方式，亦即將購買綠電之用戶繳交的電費先行匯入信託專戶，再由信託專戶撥付款項予售電方來提升融資銀行核貸之意願。

二、無差別之過度監管

依據《電業法》第 66 條[5]之規定，發電業須每月將業務狀況、電能供需及財務狀況編具簡明月報，並於每屆營業年度終了後 3 個月內編具年報，分送電業管制機關及中央主管機關備查，並須公開相關資訊，如有公司資本額變動之情事，亦須依循電業執照變更登記程序，向能源局呈報並進行執照變更[6]。前述月報、年報及資本額變動之呈報義務，係為確保能源局得於第一時間掌握發電業之業務、電能供應及財務狀況，以保障電廠皆得正常營運，然而第三型發電設備之裝置容量皆不及 2,000 瓩[7]，其資本額及法遵能力與經營第一型再生能源發電設備之公司落差不小，是否仍須耗費相當成本適用相同強度之監管，不無疑義。

此外，《電業事故通報程序標準》亦要求發電業須備置不斷電系統裝置[8]，此規範之制定目的，在於確保電廠遇有停電情形

---

[5] 《電業法》第 66 條：「為落實資訊公開，電業應按月將其業務狀況、電能供需及財務狀況，編具簡明月報，並應於每屆營業年度終了後三個月內編具年報，分送電業管制機關及中央主管機關備查，並公開相關資訊（第 1 項）。電業管制機關或中央主管機關對於前項簡明月報及年報，得令其補充說明或派員查核（第 2 項）。第一項應公開之資訊、簡明月報、年報內容與格式，由電業管制機關公告之（第 3 項）。」

[6] 《電業登記規則》第 3 條第 1 項第 4 款第 1 目：「發電業登記為下列五種，其應備書圖如下：四、變更：有下列情形之一者，應申請變更登記：（一）發電業執照所載事項如有變更，除本法及本規則另有規定外，應於變更後三十日內，申請換發發電業執照，並將舊照繳銷。」

[7] 《再生能源發電設備設置管理辦法》第 3 條第 4 款：「本辦法用詞定義如下：四、第三型再生能源發電設備：指裝置容量未達二千瓩並利用再生能源發電之自用發電設備。」

[8] 《電業事故通報程序標準》第 5 條第 2 項：「發電業及輸配電業應以專線方式設置緊急聯絡電話、傳真等通訊設備，並應備置不斷電系統裝置，以確保遇有停電情形仍能保持聯繫暢通。」

時，仍能保持聯繫上的暢通，惟不斷電系統有其建置成本，是否對於裝置容量不及於 2,000 瓩之三轉一電廠，亦有要求不斷電系統設置之必要，亦不無疑義。

以上種種問題，反映出現行《電業法》及相關法規範針對電廠的大小及類型所設計出的監理方式與實務上的實際發展有所落差，形成「鞋子不合腳」的情況。事實上，鑑於當時的時空背景，《電業法》原先可以說是為了台電所量身訂做的規範，而在逐漸開放電力自由化的環境下沿用至今，再輔以再生能源發展條例對於電業中的再生能源做特別規範。然而，再生能源的建置狀況與傳統火力或核能發電設備不同，不僅有大型離岸風電或水力發電電廠、複合型漁電共生、農電共生發電電廠，更有中小型電廠以廠房屋頂、停車場屋頂或風雨球場屋頂建置之太陽能發電設備，比例皆不在少數，若要能呼應能源轉型政策，打造更完善之投資環境，勢必要對這些電廠重新分類並給予彈性化之規範，以因應各類電廠之設置及營運所面臨之融資需求。

肆、解決之道

三轉一程序本身不會擴大原第三型再生能源發電設備之裝置容量，縱使電廠本身裝置容量極小，只有 100 瓩甚至 50 瓩，亦得轉型成為第一型再生能源發電設備，可見第一型及第三型再生能源發電設備間之界線，已趨於模糊。因此，主管機關應通盤

考量經營第三型再生能源發電設備公司之資本能力、法遵能力，及現行對發電業所設計之嚴格監管項目，是否對於規模較小之三轉一電廠仍有相同強度監管之必要，修正《電業法》及相關法規範，對第一型再生能源發電設備業者及三轉一發電業予以彈性化之分級規範，以降低第三型再生能源發電設備業者三轉一後之成本，增加業者投入三轉一程序之誘因。更甚者，如在分級監管發電業之新制下，應毋庸再限制第三型再生能源發電設備須透過三轉一程序始得成為發電業，而是透過直接修正《電業法》之相關規定，容許第三型再生能源發電設備所生產之電能亦得直接於綠電市場自由交易，而不以台電為唯一售電對象，如此，才能根本性地解決現行實務上於三轉一程序面臨之阻礙及困境，更是能確保我國綠電市場不再發生綠電「荒」問題之正本清源措施。

　　若修正《電業法》耗時費日，或許可以改用解釋論之方式，於現行《電業法》中尋找可行之道。按《電業法》第 47 條第 2 項明文：「再生能源售電業為銷售電能予用戶，得購買再生能源發電設備生產之電能，不得設置主要發電設備。」解釋上並非僅能購買「發電業」之電能，而是擴及到所有再生能源發電設備之電能。再者，依據《電業法》第 69 條第 1 項但書，對於開放自用發電設備得不受所產電能 20% 售電限制的條件包含：一、能源效率達電業管制機關所定標準以上者，其銷售量得達總裝置容量50%，或二、生產電能所使用之能源屬再生能源者，其生產之電

能得全部銷售予電業。依據《電業法》第 2 條第 1 款之規定，所謂電業，其定義包含一、發電業；二、輸配電業；及三、售電業[9]。而售電業之定義，復包含一、台電；二、再生能源售電業[10]。

是以，若將《電業法》第 47 條第 2 項、第 69 條第 1 項本文配合但書第 2 款共同解釋為再生能源自用發電設備得將其所生產之電能，全數售予再生能源售電業者，即可在現行的法規條文下得出第三型再生能源發電設備可將綠電售予再生能源售電業之結論。如此，便能有效解決現今第三型再生能源發電設備業者無法自由參與綠電交易市場之困境，使第三型再生能源發電設備業者毋庸透過三轉一程序，即得售電予台電以外之民間再生能源售電業，為中、小型電廠參與綠電交易市場打開大門，創造更多自由交易綠電之機會，也讓有需求的企業用戶亦得加入購買綠電的行列。對於再生能源售電業而言，則是能透過整合第三型再生能源發電設備之電能，創造再生能源售電業獨有的市場角色，充分發揮其價值，共同為 2050 淨零排放之目標，奠定更為彈性有效之基礎。

---

[9] 《電業法》第 2 條第 1 款：「本法用詞，定義如下：一、電業：指依本法核准之發電業、輸配電業及售電業。」

[10] 《電業法》第 2 條第 5 款：「本法用詞，定義如下：五、售電業：指公用售電業及再生能源售電業。」

《電業法》第39條線路設置權之實務分析

張嘉予、張博洋

壹、前言

近年再生能源業者及案場叢生，再生能源逐步成為我國重要供電來源。然而，單有發電設備卻無穩定之輸電線路，則仍無法完成供電。因此，設置電力線路與發電同樣是供電的重要項目。

在設置電力線路時首重「路線」，其行經之地段及整體規劃將影響輸電品質及穩定性，同時亦影響成本及經濟負擔。惟實務上電力線路可能行經其他國有或私有之非通行地或建築物，不一定得依各縣市制定之道路挖掘管理自治條例等法規辦理。當電力線路設置於他人之土地或建築物時，即可能產生衝突，需藉由法律規範解決。該等規範應如何權衡土地或建築物權利人之利益、能源業者商轉時程及成本考量，以及供電之公共利益，即為實務觀察重點之一。

目前依據《電業法》第39條（下稱「本條」）第1項，發電業及輸配電業得在未徵得土地或建築物之所有人或占有人（下稱「第三人」）之同意下，於其土地或建築物上設置線路（又稱線路設置權或無害通過權），但因嚴重干涉第三人之權利，並非

於所有情形下均有適用 [1]。是以，本條各要件之解釋及適用與線路設置權息息相關，也是能源相關業者必須瞭解的議題。

貳、線路設置權之構成要件

儘管為追求公共利益得限制第三人之權益，但仍應於最小侵害之限度內為之，是以本條同時規定程序及實體要件，發電業及輸配電業僅於符合要件時始得主張設置線路。

一、程序要件：事前通知

電力線路具有長期設置之性質，經設置後原則上即長期存在於土地或建築物上，對於第三人往後之使用影響甚鉅 [2]。從而，縱使發電業或輸配電業具備線路設置的權限，仍應使第三人事前瞭解其土地或建築物將被設置線路。此外，如未事前使第三人知悉其土地或建築物將被長期設置線路，不僅施工時可能造成人身或財產之損害，施工後第三人亦可能進行抗議或訴訟。為避免爭端，發電業或輸配電業仍宜提前使第三人知悉將設置線路。

本條規定發電業或輸配電業負有事前通知之義務，應於施工前 7 日通知第三人該等施工事宜。此事前通知義務係為使第三人

---

[1] 《電業法》第 39 條第 1 項：「發電業或輸配電業於必要時，得於公、私有土地或建築物之上空及地下設置線路，但以不妨礙其原有之使用及安全為限。除緊急狀況外，並應於施工七日前事先書面通知其所有人或占有人；如所有人或占有人提出異議，得申請直轄市或縣（市）主管機關許可先行施工，並應於施工七日前，以書面通知所有人或占有人。」

[2] 參見本條 2017 年 1 月 11 日修法之修法理由（三）。

在施工前有機會獲悉施工事宜，並得以提出異議，使發電業或輸配電業能尊重第三人之權益及意見，降低抗爭之可能性，並預先避免造成損失[3]。然而，如未事前通知第三人，逕自施工設置線路於其土地或建築物（或於施工後補通知第三人），違反本條之法律效果為何，則有待釐清。

實務見解曾指出縱使於事後補通知第三人，該通知應不發生補正之效果，且未踐行事前通知義務之施工行為將構成侵權行為[4]。此外，最高法院亦明示事先書面通知為設置管線權之程序要件[5]。由此可知，違反本條事前通知義務者，發電業或輸配電業將無法主張線路設置權。

然而，近期實務見解則有轉變，認為發電業或輸配電業並非必須取得第三人之同意，始有權設置線路[6]。其論理係基於對本條第 1 項後段規定「……如所有人或占有人提出異議，得申請直轄市或縣（市）主管機關許可先行施工……」之解釋。易言之，縱使第三人對於施工提出異議，發電業或輸配電業仍得申請先行施工以設置管線，因此，是否取得第三人之同意及事前通知並非發電業或輸配電業取得線路設置權之要件[7]。

---

[3]　參見臺灣高等法院臺南分院 110 年度上更一字第 2 號民事判決。
[4]　參見最高法院 95 年度台上字第 2655 號民事判決、經濟部經（90）能字第 0900461300-0 號函。
[5]　參見最高法院 100 年度台上字第 941 號民事判決。
[6]　參見臺灣橋頭地方法院 109 年度橋簡字第 277 號民事判決。
[7]　參見臺灣高等法院臺中分院 110 年度上易字第 1 號民事判決。

此外，也有實務見解認為因《電業法》未明文規定違反本條通知義務之法律效果，故未盡書面通知義務亦不違反《民法》第71條，或得類推適用《行政程序法》關於行政行為無效之相關規定[8]。從而，本條事前通知義務並非生效要件。縱使未踐行事前通知，亦不影響線路設置權之行使。

可知，實務上就違反本條事前通知義務之法律效果，似尚未形成穩定之見解。將來發生未進行事前通知或補通知之情形，將會有法律上之爭議。又目前再生能源業者數量持續增加，案場範圍及大小亦持續擴張，不時可見居民抗議饋線設置之事件。如將來再生能源業者未能與其電力饋線行經路線上之第三人（或鄰近居民）達成共識，僅顧及自身商業利益，並強行以《電業法》第39條第1項作為設置饋線之依據，設置線路於第三人（或鄰近居民）之土地或建築物，此是否仍符合本條之規範目的，甚至產生過度侵害第三人財產之疑慮，仍有待後續發展。

二、實體要件

（一）發電業及輸配電業

台灣電力股份有限公司（下稱「台電」）是我國唯一之輸配電業，負責設置我國之電力網，自有本條通行權之適用。法院判

---

[8] 參見臺灣苗栗地方法院111年度苗簡字第88號民事判決。

決中亦常見第三人起訴台電違反本條規定。而除台電需設置線路以外，發電業也有設置線路之需要（即設置電源線），且依《再生能源發展條例》第 8 條第 4 項，再生能源發電業須自行興建連接再生能源發電設備及電力網之線路[9]。由此可知，電力輸送之工作並非僅由台電獨自負責，發電業也需負擔設置部分線路。

又依《再生能源發展條例》第 14 條第 1 項及經濟部經能字第10804606180 號函，再生能源發電設備總裝置容量達 2,000 瓩以上者，其供電線路所需使用土地之權利取得、使用程序及處置，得準用《電業法》第 38 條至第 44 條規定[10]。反之，再生能源發電設備總裝置容量未達 2,000 瓩者，因不符前述規定及函釋，即無法準用本條之線路設置權[11]。

承上，再生能源發電設備總裝置容量未達 2,000 瓩者，包括第三型再生能源發電設備設置線路時，如有通行第三人所有土地或建築物之需求，因無法準用本條，將回歸適用《民法》關於管線安設之規定（詳如後述）。但是，本條與《民法》管線安設之規定目的及要件並非完全相同，此將會造成同為發電設施，卻因裝置容量不同而適用不同法規之情形。《民法》管線安設權之規

---

[9] 參見《再生能源發展條例》第 8 條之立法理由（五）。

[10] 《再生能源發展條例》第 14 條第 1 項：「再生能源發電設備達中央主管機關所定一定裝置容量以上者，其再生能源發電設備及供電線路所需使用土地之權利取得、使用程序及處置，準用電業法第三十八條至第四十四條規定。」參見經濟部經能字第 10804606180 號函。

[11] 參見經濟部經能字第 10804606180 號函。

範目的僅在於平衡土地所有權人間之利益，而非解決發電業或輸配電業與第三人之衝突，故將再生能源發電設備總裝置容量未達2,000 瓩者排除準用本條是否妥當，仍有待後續觀察。

（二）線路

《電業法》所稱之線路並非僅指狹義的電線，反而，與輸電相關之設施，包含支持設施及變電設備均屬之，此有《電業法》第 2 條第 14 款、第 15 款及第 16 款對線路之定義可參。依照前述規定，《電業法》所稱之線路是指屬於同一組合之導線本身、支持設施及變電設備，以輸送電能之系統。

線路可再區分為電力網及電源線。電力網係指聯結主要發電設備與輸配電業之分界點至用戶間之線路，而電源線則是指聯結主要發電設備至該設備與輸配電業之分界點或用戶間之線路。簡言之，台電與發電業之間會有一責任分界點，連結責任分界點至用戶端之線路，稱為電力網，由台電負責規劃、興建與維護[12]。而連結責任分界點至發電設備之線路，則稱為電源線，通常由發電業負責興建及維護[13]。

目前實務見解會依照前述線路之定義解釋並適用本條，例如「電線桿、變壓器、電塔」均已被認定為電力輸送之基礎設施，

---

[12] 《電業法》第 46 條第 1 項：「輸配電業應規劃、興建與維護全國之電力網。」
[13] 參見《台灣電力股份有限公司再生能源發電系統併聯技術要點》第四點第（一）項。

屬於《電業法》所稱之線路[14]。至於再生能源設備常見之「升壓站」及「開閉所」是否為《電業法》上之線路，目前尚無法院判決可供參考。然而，依經濟部經授能字第10804057780號函，其已將升壓站及開閉所歸類為輸配電設施，且升壓站係有將電能升壓以利電力輸送之用途，而開閉所亦具備變電所之部分功能，如再生能源發電系統僅有再生能源發電設備，則無法提供電能予用戶使用，如需傳輸電能至用戶端，則必須包含其他相關必要附屬設施（即升壓站及開閉所）[15]。

倘依前述線路之定義，應得認定升壓站及開閉所為電力輸送所必須之設施，屬於《電業法》所稱之線路。將來如符合本條要件時，再生能源業者應有權在未經地主同意時於其土地上設置升壓站及開閉所。

（三）必要性

由於本條使發電業及輸配電業得在未徵得第三人同意時於土地或建築物設置線路，可見相當程度地限制第三人之權益。然而，縱使鋪設線路係為追求公共利益，仍應於最小限度內為之，以避免完全剝奪第三人之財產及權利。為權衡輸電之公共利益與

---

[14] 參見臺灣臺中地方法院106年度中簡字第3041號民事判決、臺灣彰化地方法院108年度員簡字第93號民事判決、臺灣橋頭地方法院109年度橋簡字第277號民事判決。

[15] 參見經濟部經授能字第10804057780號函。

第三人之權益，本條規定發電業及輸配電業僅得於「必要時」始得設置線路。

　　實務上認定是否符合必要性時，原則上係依循「最小侵害性原則」，將會判斷個案有無其他更佳之地點以設置線路，或使用其他地點將較於原設置線路之地點影響輸電之品質、需支出更多費用或造成額外之負擔者[16]。例如，曾有第三人主張台電設置線路時，將專門供應其他用戶之線路設置於其住宅牆上，不具備必要性。法院調查後發現並非僅有原有之路線可以完成輸電，且該線路既然係專門供應其他用戶，則自不應設置於第三人之住宅牆壁上，故認為台電設置線路不符最小侵害原則[17]。

　　又法院曾考量以下標準認定線路之設置是否具備必要性，茲整理如下[18]：

1. 是否尚有其他適當之土地可以取代現有路線。
2. 拆除原先線路是否會支出額外費用，以致不符經濟效益。
3. 拆除原先線路是否導致其他第三人或居民無電可用。
4. 另行規劃線路之配置方式是否較原先之規劃增加更多長度。

---

[16] 參見臺灣士林地方法院 106 年度簡上字第 263 號民事判決。
[17] 參見臺灣新竹地方法院 107 年度竹簡字第 296 號民事判決。
[18] 參見最高法院 79 年度台上字第 2419 號民事判決、臺灣桃園地方法院 104 年度桃簡字第 633 號民事判決、臺灣桃園地方法院 105 年度桃簡字第 1168 號民事判決、臺灣桃園地方法院 108 年度桃原簡字第 45 號民事判決、臺灣彰化地方法院 109 年度斗簡字第 2 號民事判決、臺灣高等法院 110 年度上字第 1133 號民事判決、臺灣橋頭地方法院 111 年度旗簡字第 127 號民事判決。

5. 另行規劃線路之配置方式是否因行經更多土地，使法律關係複雜化。

6. 是否受限於地形（例如：陡峭河谷）而無法另行規劃線路之配置方式。

7. 是否得適時尋覓其他適當之設置線路位置，如無法，是否將造成用戶無電可用之情形。

8. 用戶之用電度數低並非不具必要性之理由，需要使用電力即有設置線路之必要。

　　不過，近期有少數實務見解未採最小侵害性原則，反而以相當限縮之解釋認定必要性係指「公有土地施工或天災吹斷線路須積極搶修之情形，且不包括售電業者急於售電之情形」[19]。在該案例中，台電同意擬裝設第三型發電設備者申請之併聯，並於併聯審查意見書記載該案須加強電力網。惟嗣後台電施作加強電力網時，因加強電力網路線路所經之第三人抗議，工程因此停擺。該擬裝設第三型發電設備者，便以台電無故停工加強電網為由，向台電請求損害賠償。雖然本案並非發電業或輸配電業直接主張適用本條規定，但法院卻特別闡釋本條必要性不包括售電業者急於售電之情形，且不可因私人購售電時程考量及個人利益為由，認定有於第三人土地上設置線路之必要。

---

[19] 參見臺灣新竹地方法院 110 年度訴字第 452 號民事判決。

　　上述見解似未將私人設置發電設備與台電鋪設線路等同對待，以最小侵害性原則判斷個案是否具備必要性。反而在私人設置發電設備時，將必要性的判斷限縮於公有土地施工或天災吹斷線路須積極搶修之情形，且不包括售電業者急於售電之情形。將來法院是否會因為主張線路設置權之主體為再生能源業者而非台電，而對必要性之解釋產生分歧，仍值得觀察。再生能源業者也應特別注意法院不一定均會站在維護供電穩定等立場，而會探究線路之規劃及設置是否僅考量售電獲利，從而認定不具備必要性。

　　此外，也曾有實務見解引用「判斷餘地」之概念，認為線路之規劃及設置（包含路線及輸電設備之規劃及建置）因涉及高度專業性、技術性及經驗性，須綜合考量用地之取得、行經之地形、地質、地貌、人口分布等諸多因素，經由台電專業評估並設置[20]。由於線路之規劃及設置具備專業性及不可替代性，故台電就如何規劃設置線路之事宜應具有判斷餘地，不得由未經專業評估之路線所替代。然而，線路之設置是否確如該見解所稱具備高度專業性，尚有疑義。且縱使線路之設為專業事項，仍不應完全排除法院之審查，否則將難以保障第三人之權益。因此，不宜於本條中過度援用判斷餘地。

---

[20] 參見臺灣高等法院臺中分院 100 年度上字第 153 號民事判決。

最後，法院在審理判斷是否具備必要性時，通常會參考個案線路行經地點之地籍圖、空拍圖、主管機關往來文件、線路圖、實況照片、線路規劃之設計圖或輸變電計畫等文件。因此，再生能源業者於規劃設置線路時即應妥善規劃，確實權衡第三人與公共利益，並因此做出相應之線路規劃。此外，也應將線路規劃之考量載於前述法院可能會調查之文件，避免法院認定再生能源業者恣意規劃路線，僅考量自身獲利之需求而造成不利之認定。

（四）不妨礙原有使用及安全性

發電業及輸配電業在設置完成線路後，因是在第三人之土地或建築物上施工，於完工後自應回復原狀。基此，本條規定設置線路應以「不妨礙其原有之使用及安全為限」。

按一般常理，若家中附近遭鋪設線路，如設置電線桿或變電箱，通常會認為該線路將影響身心健康。曾有第三人以此為由提告民營電廠，主張其設置之線路有害其身體健康及居住安全。但法院認為民營電廠已依輸配電設備裝置規則架設線路，亦遵守線路與建築物之間距規定，故該線路之設置並無妨礙原有使用及安全之情形[21]。此外，法院曾函詢能源局及環保署之意見，但其回覆均認為目前無確切具體證據足以證明線路所生之電磁波有危害

---

[21] 依照輸配電設備裝置規則第 100 條規定，配電線路超過 750 伏特至 22 千伏之開放式供電導線需與建築物保持 1.5 公尺以上之垂直及水平距離。

人體健康之情形 [22]。在此情形下，實務上鮮少採納線路之電磁波有害身體健康及居住安全之主張。

　　由上可知，如設置線路時符合輸配電設備裝置規則，且居民無法舉證證明設置線路有害於其健康時，原則上法院不會認定該線路妨礙土地或建築物之原有使用及安全性。

參、相關議題

一、《電業法》第 41 條之損失補償

　　《電業法》第 41 條規定「……如有損失，應按損失之程度予以補償。」縱使發電業及輸配電業係依本條設置線路，但因第三人有個人特別犧牲之情形，發電業及輸配電業自應給予補償。實務見解指出《電業法》第 41 條之損失不以第三人證明確受有實質損害為必要，在受有特別犧牲之情形下，即有請求損失補償之權利 [23]。

　　例如，法院曾認定線路為嫌惡設施，可能使購買鄰近線路之不動產意願降低，或使所有權人及有意買受或合作開發者有所疑

---

[22] 參見臺灣高等法院臺南分院 98 年度上字第 38 號民事判決及臺灣彰化地方法院 109 年度斗簡字第 2 號民事判決。於上述判決中，法院曾函詢能源局及環保署請求表示意見，能源局及環保署係認為目前尚無科學證據顯示罹患癌症、白血病、生殖障礙、憂鬱、自殺發展異常等病症與暴露於電磁場（波）具有直接的相關性。故法院依此認定線路所產生之電磁波應無危害人體健康之情形。

[23] 參見臺灣臺北地方法院 110 年度原訴字第 71 號民事判決。

慮，影響買受者或合作開發者之意願，導致土地交易價值貶損之情形，故第三人得依《電業法》第 41 條請求損失補償[24]。

又因《電業法》第 41 條之性質與《民法》物權相鄰關係相關規定損害金之性質相同，故法院將得參考線路行經之位置與範圍，並斟酌第三人所受損害之程度（土地之使用分區、現在使用情形、附近環境、有無其他利用價值、是否獨占利用等具體情形），判斷個案之補償金數額，至於發電業及輸配電業因設置線路所得之利益，則非考量之標準[25]。

二、《民法》第 786 條管線安設權

再生能源發電設備總裝置容量未達 2,000 瓩者，包括第三型再生能源發電設備，在設置線路無法準用本條規定，已如前述。此時，如再生能源發電設備之所有人設置線路得否行經他人土地或建築物時，將依《民法》第 786 條管線安設權進行判斷。

法院在判斷《民法》第 786 條管線安設權時，首先會確認個案是否有非通過他人土地，否則不能與其他電網連接之情形（例如有袋地之情形），或雖能設置線路但需費過鉅者；其次，該設置線路之方式對周圍土地損害是否為最小者[26]。

---

[24] 參見臺灣基隆地方法院 109 年度訴字第 493 號民事判決。
[25] 參見最高法院 94 年度台上字第 2276 號民事判決、法務部法律字第 10503505020 號。
[26] 參見臺灣彰化地方法院 109 年度斗簡字第 2 號民事判決。

　　《民法》第 786 條得由特定主體（包括土地所有人，及依《民法》第 800 條之 1 得準用之土地之地上權人、農育權人、不動產役權人、典權人、承租人、其他土地、建築物或其他工作物利用人）主張[27]。惟實務上《民法》第 786 條管線安設權所稱「非通過他人之土地，不能設置電線」是否等同本條之必要性尚有疑義。再生能源發電設備總裝置容量未達 2,000 瓩者在適用《民法》第 786 條時，是否與本條必要性有相同之內涵，仍待觀察。

三、《民法》第 148 條權利濫用之抗辯

　　於第三人針對設置線路提出訴訟請求拆除線路並返還土地時，法院除應判斷個案是否符合本條規定外，亦得考量第三人之主張有無《民法》第 148 條權利濫用之情形。倘第三人行使其權利所得之利益甚微，卻將導致他人及社會受到重大損害（例如：拆除原有線路需另耗鉅資、新設線路將造成施工停電，使其他民眾之生活陷入嚴重不便），則法院係得認定第三人權利之行使已違反公共利益[28]。

---

[27]　《民法》第 786 條第 1 項：「土地所有人非通過他人之土地，不能設置電線、水管、瓦斯管或其他管線，或雖能設置而需費過鉅者，得通過他人土地之上下而設置之。但應擇其損害最少之處所及方法為之，並應支付償金。」

[28]　參見臺灣臺中地方法院 106 年度中簡字第 3041 號民事判決。

肆、結語

　　雖然目前法院就本條規定之判決幾乎集中在「第三人告台電」之案例，但隨著再生能源業者之增加，未來「第三人告再生能源業者」之案例將可能大量增加。然而，將來適用本條時，再生能源業者是否會與台電適用本條之情形相同，仍有待觀察。例如，再生能源業者與台電在未取得第三人同意時，或未通知第三人，即設置線路，法院在判斷通知義務及必要性時是否會因主體不同而差別對待，將會是未來再生能源業者主張線路設置權之關鍵。

　　此外，誠如本文所述，已有實務案例指出，僅基於「急於售電獲利」而規劃線路者，該線路規劃不具備必要性，因此再生能源業者即應留意於規劃線路時，不宜以獲利為主要考量。反而，如再生能源業者已綜合考量規劃線路之各項因素（例如：線路長度、行經土地間之法律關係、地形、經濟效益等），則可降低遭法院不利認定之風險。

第三篇

企業併購與結合實務

📋 《企業併購法》下現金逐出股東權益保障新制初探、分析及展望

📋 結合申報實戰祕笈

《企業併購法》下現金逐出股東權益保障新制初探、分析及展望

趙緝熙、杜春緯、郭婉亭

壹、前言

　　企業透過併購強化市場整合能力，並加速產業結構轉變，保留具有競爭優勢的部分以延續企業壽命，在現今商業社會發展浪潮下已勢不可當。臺灣《企業併購法》作為主要規範於臺灣市場進行企業併購之主要遊戲規則，交易進行中不可避免地需要遵守《企業併購法》及相關機關見解，其重要性不言可喻。《企業併購法》自 2002 年公布施行，歷經三次修正，上次修正距本次已歷時七年，產業界對於增加併購彈性與保障股東權益之呼聲所在多有[1]。此外司法院於 2018 年做成釋字第 770 號解釋，針對股東無法即時獲取相關資訊等必要權利保障規範等舊法下未臻完善之處，在本次修法中亦有大刀闊斧的變革，深值吾等正視，本文將以股份收買請求權、資訊揭露等程序保障為核心，探討股東權益

---

[1] 參《企業併購法》部分條文修正草案總說明。

之保障，期能有助於企業未來進行相關併購規劃時之事先戰略部署及爭端預防。

貳、《企業併購法》修法與釋字第 770 號解釋

本次企業併購法修正案於 2022 年 5 月 24 日三讀通過，並於同年度 12 月 15 日正式施行，修法主要方向分別為：一、保障股東權益；二、放寬非對稱併購適用範圍；三、擴大彈性租稅措施。

本次修法部分重要內容係呼應釋字第 770 號解釋[2]，使反對議案之股東亦能行使股票收買請求權，並針對自身利害關係事宜強化資訊揭露。修法前《企業併購法》第 12 條第 1 項第 1 款、第 2 款、第 4 款、第 5 款及第 7 款僅規定股東在股東會集會前或集會中，以書面表示異議，或以口頭表示異議經記錄，放棄表決權者始得請求公司按當時公平價格，收買其持有之股份，導致股東就收買價格之議價能力可能不足。本次修法後則改為「股東會集會前或集會中，以書面表示異議，或以口頭表示異議經記錄，並投票反對或放棄表決權者」。然需注意到，新法下如擬行使股份收買請求權之股東，未於當次股東會集會前或集會中表示異議者，或是投票贊成者，抑或未出席投票者，仍不得行使股份收買請求權。

---

[2] 第 770 號解釋於 2018 年 11 月 30 日公布。

　　資訊揭露部分則可觀修正前《企業併購法》第 5 條第 3 項，當中即有要求公司進行併購時，公司董事就併購交易有自身利害關係時，應向董事會及股東會說明其自身利害關係之重要內容及贊成或反對併購決議之理由。在此基礎上，本次修法參照釋字第 770 號解釋理由書，新增第 5 條第 4 項「前項情形，公司應於股東會召集事由中敘明董事利害關係之重要內容及贊成或反對併購決議之理由，其內容得置於證券主管機關或公司指定之網站，並應將其網址載明於通知」。此外，修法說明表示股東若拒不揭露致使股東會決議遭撤銷，公司得對該股東請求損害賠償。

　　釋字第 770 號解釋與相關修法固然更加完善併購案下對少數股東權益之保障，然在司法實務或併購實務上能否落實《憲法》第 15 條保障人民財產權之意旨並設置有效的權利救濟機制，仍待後續檢視及追蹤其對後續相關司法實務判決所生之影響。

參、程序參與權之保障：台信台固合併案

　　台信台固合併案即係釋字第 770 號解釋所針對之個案事實背景（最高法院 102 年度台上字第 2334 號民事判決），原審法院認為公司進行併購並以現金作為換發消滅公司股東所持股份之對價於法有據，並未違反《企業併購法》或《公司法》合併決議相關規範。然釋字第 770 號解釋及該個案後續司法救濟程序（臺灣臺北地方法院 108 年度抗字第 392 號民事裁定）認定，基於保障公

司負責人及異議股東之程序參與權，辦理因現金作為對價之合併而喪失股權之股東聲請價格之裁定時，除須使公司負責人及異議股東有陳述意見機會，尚須訊問公司負責人及聲請股東。同時，考量到「裁定股票收買價格事件之本質，具有高度訟爭及專業性，並對雙方之權益影響甚鉅」，本案於原審裁定前，僅曾以書面函文通知抗告人就相對人之書狀表示意見，未開庭踐行訊問公司負責人及聲請股東之程序，考量「陳述意見」與「訊問」兩者間就當事人程序保障之程度不同，自不得以前者代替後者，故認定原審於法應有程序上瑕疵。換言之，於釋字第770號解釋後，就公司併購現金逐出股東之案件，《企業併購法》下已明文肯認少數股東程序參與權保障之重要性及相關法律上具體應行機制。

肆、非公發公司之合理性資訊揭露：光舟雷亞合併案

　　光舟雷亞合併案爭議起源於原雷亞公司股東兼董事鐘志遠等四人同時為合併當事公司（光舟公司）之股東兼董事。臺灣高等法院104年度上字第1367號民事判決認為其於合併議案表決時無庸利益迴避、股東會決議方法無瑕疵。若於此情況下均應迴避，將造成少數股東可藉由合併案阻止多數股東調整企業經營模式，與公司決策以多數決為原則進行不符。本案情勢於釋字第770號解釋後有所改變，最高法院107年度台上字第1834號民事

判決廢棄前開判決，指出原審遽以全體股東（原雷亞公司）享有相同收購價格、權利義務條件，而認定鐘志遠等四人權利義務無特別得喪變更、系爭股東會無召集程序或決議方法違法，尚嫌速斷，利害關係資訊之揭露應有進一步研求餘地。

又後續臺灣高等法院 108 年度上更一字第 49 號民事判決修正歷審見解，其於判決理由中指出，依修正前《企業併購法》第 6 條第 1 項，雖僅就「公開發行股票之公司」就併購事項須委請獨立專家就換股比例、配發財產之合理性表示意見，惟「仍無礙於非公開發行股票公司之被上訴人應揭露股權收購價格合理性之相關資訊以保障上訴人財產權」，故原雷亞公司未對其股東為股份收購價格合理性之資訊揭露，系爭股東會召集程序自屬違法[3]。本案於最高法院 110 年度台上字第 3180 號民事裁定駁回上訴確定。

伍、股東收買請求權之公平價格裁定：應華捷邦股份轉換案、日立永大機電股份轉換案、絡達旭思股份轉換案

《公司法》第 317 條「當時公平價格」係指「股東會決議日該股份之市場價格」，為最高法院 71 年度台抗字第 212 號民事裁定建立之穩定實務見解。觀應華捷邦股份轉換案，臺灣高等法院

---

[3] 違反《企業併購法》第 22 條第 1 項第 3 款、《公司法》第 317 條之 1 第 2 項規定。

110 年度非抗字第 108 號民事裁定重新解釋前開裁定，認為最高法院裁定以股東會決議當天收盤價為收買價格，「除斟酌證券交易所實際成交價格外，另亦斟酌公司實際之真實價值，及二公司換股比例等各項後，認證決議當日證券市場之收盤價格與公司實際之真實價值相當」，不應一律以該案股東臨時會決議日市價為準。

　　然而於日立永大機電股份轉換案，臺灣臺北地方法院 111 年度司字第 24 號民事裁定並不採股東會決議日市價為公平價格，而認定應以「公司股份不受合併或收購交易影響所應具有的價值」為計算。本案於 2021 年 9 月 27 日簽署股份轉換契約，股權價值評估分析報告以 2021 年 8 月 20 日為評估基準日，而股東會決議（2021 年 11 月 16 日）時併購資訊已為大眾知悉，市價必趨近於董事會提出之股份收購價格，「故以股東會決議日之交易價格（不論以收盤價格或當日最高價格與最低價格之平均價格作為依據）作為公平價格之認定依據，自有不妥」。法院認為評估基準日與股東臨時會時間差為合理作業時間，評估基準日之股價並無位於低基期，對於相對人無不公平之處。

　　至於法院裁定公平價格之判斷基準，於絡達旭思股份轉換案中，因抗告人有主張以新臺幣（下同）110 元為公平價格，亦有主張以 211.47 元為公平價格，兩者價格之認定基準懸殊。就此，該案一審法院[4]認為「如以高額收買股票價格作為聲請裁定股票

---

[4]　臺灣新竹地方法院 109 年度抗更一字第 1 號民事裁定

收買價格事件之標準，恐將導致公司只要一進行併購，立即會有大量股東脫手股票出走，並要求公司以遠高於市價之金額收買股票……異議股東收買請求權之目的，應不在於使異議股東因公司合併而取得利益或遭受損害，而僅係單純地客觀反映合併當時之合理權益」；然該案二審法院則認為就公平價格之認定，依法應未嚴格限制法院不得考量股東會合併決議日後之市場價格，因公司合併後可能因企業再造，獲得相乘效果，倘法院不能考慮系爭股東會合併決議後公司前景，恐難為公平之價格核定。換言之，後續於《企業併購法》下公司併購現金逐出股東之公平價格認定基準，仍有待司法實務判決之積累及發展，目前尚難斷定有統一標準或見解，僅有上述些許脈絡可資參照。

陸、結語

　　釋字第 770 號解釋公布後不僅直接推動《企業併購法》新制上路，不可諱言地，對於司法實務上亦有相當之影響。眾多案件當事人援引釋字第 770 號解釋意旨提起再審與再抗告的案例，屢見不鮮，法院見解亦有所變動。釋字第 770 號解釋與本次《企業併購法》修法雖皆從各方面強調「股東權益保障」之重要性。然事實上，與保障股東權益最密切相關者即股份收買請求權機制之運作與公平價格之訂定，然而法院就該部分仍未有統一之認定標準。

　　併購實務上，於《企業併購法》新制施行後，異議股東於公司進行併購時行使股份收買請求權，進而向法院聲請裁定股票收買價格之案件數量亦大為增加，法院裁定亦可能為實踐對於股東權益之保障，而偏向支持少數股東所主張之公平價格，或對於公司於進行併購決議時所應踐行法定正當程序（Due Process）的要求達到前所未有的新高度，此種種針對公司併購現金逐出股東，有關股份收買價格公平性認定之事前法定程序要求及事後紛爭處理，已成為進行併購交易公司所不得不正視的課題。因此，如公司有於臺灣進行併購之規劃安排，於《企業併購法》新制上路後，除應注意對於公司股東之權益保障及資訊揭露外，宜先行請教併購及法律專家，依據需求，於法令及司法實務判準最新可容許的前提下設計可行的併購程序及資訊揭露安排，並落實相關法定之要求，以免觸法或減低後續訟爭之害。

結合申報實戰祕笈

黃蓮瑛、鄧婉伶

案例一：A 超市業者為超市龍頭，擬取得 B 知名量販業者 90% 的股份。在全國超市量販市場，A 業者的市占率約 30%；B 業者的市占率約 5%。

案例二：C 超商業者為超商龍頭，擬取得 D 知名超市量販業者 50% 的股份。C 業者在全國超商市場的市占率超過 40%；D 業者在全國超市量販市場的市占率約 15%。

壹、結合申報之管制目的

事業之間的「結合」，包含企業合併、一事業取得他事業一定比例以上股份、一事業與他事業經常共同經營或受委託經營他事業、一事業得控制他事業的業務經營或人事任免等，這些交易都可能會改變相關市場的競爭結構、提升個別事業的市場力量，進而影響市場競爭，乃至整體經濟利益和消費者權益。

為了維護相關市場競爭環境、整體經濟利益、消費者權益等不會因為大企業之間的結合而遭受損害，《公平交易法》（下稱「《公平法》」）規定，超過一定門檻的事業結合行為都需要事先提出申報，由公平交易委員會（下稱「公平會」）對於結合案

可能影響市場的相關事項先進行審查，例如：參與事業的產銷情形、與上下游事業的關係、進行結合的目的及未來規劃等，並確認結合案能帶來的整體經濟利益將大於限制競爭的不利益後，方可實行。

貳、結合申報規定簡介

《公平法》對於「結合」的定義為（第 10 條第 1 項）：「一、與他事業合併。二、持有或取得他事業之股份或出資額，達到他事業有表決權股份總數或資本總額三分之一以上。三、受讓或承租他事業全部或主要部分之營業或財產。四、與他事業經常共同經營或受他事業委託經營。五、直接或間接控制他事業之業務經營或人事任免。」只有在事業間的交易內容符合以上任何一項定義時，才需要進一步判斷是否需要向公平會進行申報。

此外，並非所有的結合案都需要經過公平會的事前許可，只有達到特定門檻的結合案才需要經過事前許可。《公平法》對於申報門檻的規定為（第 11 條第 1 項）：「一、事業因結合而使其市場占有率達三分之一。二、參與結合之一事業，其市場占有率達四分之一。三、參與結合之事業，其上一會計年度銷售金額，超過主管機關所公告之金額。」

在案例一的情形，A 業者擬取得 B 業者 90% 的股份，超過 B 業者有表決權股份總額的三分之一，符合《公平法》第 10 條第 1

項第 2 款之結合定義；再者，A 業者本身在特定市場已有 30% 的
市占率，達到第 11 條第 1 項第 2 款結合申報的四分之一市占率
門檻；且 A 業者與 B 業者在其共同參與的市場中，市占率總和為
35%，也達到第 11 條第 1 項第 1 款結合申報的結合後三分之一市
占率門檻。因此，案例一的 A 業者及 B 業者擬進行的交易，屬於
須事先申報並經過公平會許可的結合案，在結合前，須向公平會
提交結合申報資料供審查。

　　在案例二的情形，同樣地，C 業者擬取得 D 業者的股份比例
為 50%，超過 D 業者有表決權股份總額的三分之一，符合《公平
法》第 10 條第 1 項第 2 款之結合定義；在申報門檻方面，C 業者
與 D 業者所經營的市場分別為「全國超商市場」及「全國超市量
販市場」，二者並無共同參與的市場，不適用第 11 條第 1 項第 1
款結合申報的結合後三分之一市占率門檻，然而，由於 C 業者本
身在特定市場擁有 40% 的市占率，仍會達到第 11 條第 1 項第 2
款結合申報的四分之一市占率門檻。因此，案例二的 C 業者及 D
業者擬進行的交易，也屬於須事先申報並經過公平會許可的結合
案，在結合前，須向公平會提交結合申報資料供審查。

　　對於結合申報案件的審理，公平會訂定有《公平交易委員會
對於結合申報案件之處理原則》，依照不同的結合類型（區分為
水平結合、垂直結合、多角化結合）明示其界定相關市場和計算
市占率的方式、評估結合案的限制競爭效果時將考量的因素，以

及其對於整體經濟利益的認定依據、附加條件或負擔的原則等，作為公平會辦理結合申報案件的準則。

在案例一當中，A業者與B業者所經營的都是「全國超市量販市場」，故其間的結合會屬於「水平結合」；在案例二當中，C業者與D業者所經營的分別為「全國超商市場」及「全國超市量販市場」，若其間未另具備上下游事業關係，C業者與D業者的結合會屬於「多角化結合」。公平會對於二則案例結合案的審理方向將會有所差異，在水平結合案中，公平會會從單方效果、共同效果、參進程度、抗衡力量等因素來判斷該案的限制競爭效果；在多角化結合案中，公平會則僅判斷該案是否具有重要潛在競爭可能性，考量因素並聚焦於參與結合事業跨業經營發展的層面。由此可見，結合案件的相關市場界定對於公平會的審理方向具有關鍵影響力。

至於審理的期間，原則上，公平會對於結合申報案件的審理期間為30個工作日。但須注意，這個審理期間的起算日為事業提出「完整申報資料」之日。換句話說，如果事業向公平會提出結合案件申報時所提供的資料還不足夠，尚有需要補充的部分，則審理期間的起算日將會是事業依照公平會的要求補足申報資料之日。當公平會認為有必要時，並得將審理期間縮短或延長，但延長的期間不得超過60個工作日。

於審理結束後，公平會對結合申報案件會做出的決定類型包含：不禁止結合、附條件或負擔不禁止結合，或禁止結合三種。

參、申報實務上較困難之處

以下就事業在申報實務上最常面臨的難題及須特別留意的部分做說明。

一、申報資料提交時點

觀諸《公平法》要求事業進行結合申報之規定（第 11 條第 1 項）：「事業結合時，有下列情形之一者，應先向主管機關提出申報：……。」僅要求事業應於結合實行「之前」進行申報，並未對提出申報的時間點做更具體的提示。

然而在實務中，交易案的進行可以有很多階段，過程中也可能牽涉到除了公平會以外其他主管機關的許可。在申報實務上，公平會在判斷是否有必要受理一件申報案時，仍會考量該案所申報的交易案是否已經具備相當程度的實現可能性，以避免耗費人力審理未來不會成真的案件，或者使案件處理期間過於冗長。

如果公平會依據個案情形、事實背景，認為所申報的交易案依據當時的進展還沒有達到有相當程度的實現可能性時，公平會可能會延長其決定是否受理的期間，或做出不受理決定。例如，當一交易案還牽涉到其他主管機關的許可（可能是本國內負責其

他管制層面的主管機關，也可能是其他國家的主管機關），並且該許可與該交易案關係密切、是否能取得許可還具有高度不確定性時，就有可能會被公平會認為該交易結合申報的時機尚未成熟，而不受理。

結合申報資料的準備工作需花費大量人力及時間成本，若過早向公平會提交結合申報資料，一旦遭公平會做出不受理決定，待未來時機成熟後，仍須更新資料內容並再次進行申報工作，如此將會導致更高的人力及時間成本負擔。在過早就進行申報的情形下，就算可以說服公平會選擇不立即做成不受理決定，而是採取延長案件處理期間的做法，申報事業仍然無法較早取得許可，從而失去提早進行申報的意義，只是浪費人力、金錢。因此，在決定申報資料提交時點時，建議審慎考慮及評估。

二、申報資料補正程序

在事業首次提交結合申報需提供的標準資料後，除了基本資料有欠缺一定會被要求補正之外，公平會也將會依照個案背景要求事業針對特定面向提供進一步的說明、分析或補充資料。一般來說，在這個階段，公平會可能會提出的要求相當多元。

值得一提的是，在整個補正過程中，公平會對於事業所提供的說明通常都會要求需有佐證資料，特別是，對於涉及市場分析的主張，例如：相關市場範圍界定的主張。如前所述，相關市場

的界定對於公平會的審理方向具有關鍵性的影響力，公平會更會要求事業提出由第三方做成、具相當可靠性的經濟分析或統計資料；當案件性質必須更要求經濟分析時，公平會也可能會要求事業以提出具體分析數據的方式回答提問，以上種種要求，經常造成申報事業很大的負擔。特別對於有時間壓力的交易，建議事業及早進行相關的準備，以因應公平會在補正程序可能提出的資料要求。

三、外界意見徵詢

《公平法》在 2017 年修法後新增第 11 條第 10 項前段規定：「主管機關就事業結合之申報，得徵詢外界意見，必要時得委請學術研究機構提供產業經濟分析意見。」明定公平會在審理結合申報案件時得徵詢外界意見。實務上，公平會可能會徵詢的對象包含市場相關同業、上下游事業、產業公會、產業相關政府機構或民間團體、專家學者等；徵詢的形式包含以書面行文、以問卷徵詢，或者辦理座談會、公聽會等，邀集各方參與討論。

需特別注意的是，在徵詢程序中，作為同業的競爭對手或者與交易案具有利害關係的上下游事業都可能會對申報事業提出不利甚至是不實、不正確的指控。這些指控都有可能會影響公平會後續審理案件的方向，或拖長案件審理時間，因此當公平會根據相關指控要求事業提出說明時，建議申報事業先審慎判斷問題的

可能背景，以釐清公平會因為同業或上下游事業提出的指控而可能會有的疑慮後，再進行答覆，以免提供了不必要的機密資訊，引來更多疑慮，又拖長審理時間。

四、非正式會談的準備

在審理期間，公平會也可能會視個案情形辦理非正式會談，邀請申報事業與公平會相關單位以非正式會議、當面溝通的方式，釐清申報資料內容、補充說明結合評估所需資訊或討論、溝通任何與結合案審理相關事務。

此時申報事業需留意的是，非正式會談中可能涉及談論的內容範圍相當廣泛，並可能就各面向進行相當深入的探討，包含事業的經營運作方式、經營策略、與上下游廠商的合作模式以及對於結合後的未來規劃等，且會談內容均仍可能影響公平會後續的審理方向，因此建議申報事業在會前進行高規格的嚴謹準備與模擬。如果能拿捏得當，非正式會談將會是一個讓申報事業瞭解公平會立場並充分表達其主張的好機會。

五、結合許可負擔的協商

《公平法》第 13 條第 2 項規定：「主管機關對於第十一條第八項申報案件所為之決定，得附加條件或負擔，以確保整體經濟利益大於限制競爭之不利益。」如前所述，於案件審理結束後，公平會對結合申報案件會做出的決定除了不禁止或禁止結合的決

定外，還可能會是「附條件或負擔不禁止」的決定。公平會的附加的條件或負擔類型，大致上可分為結構面措施與行為面措施，對結合事業的影響都很大。

當申報資料的審理進入最後階段，若公平會大致上已認為一結合案有限制競爭之疑慮，但是有機會透過附加條件或負擔的方式確保該結合案之整體經濟利益仍能大於限制競爭之不利益時，就有可能會開啟與事業的協商程序。協商的形式包含以書面文件交換溝通意見，以及以實體會議面對面溝通。

由於已進到案件審理的最後階段，公平會為了能在法定審理期間內做出決定，此協商程序的步調可能會極為快速。然而，協商的對象是公平會未來將對事業施加的條件或負擔，換言之，是事業未來須遵守、完成的義務，且會是牽涉事業的結構面或是經營層面的義務，若未做到，甚至可能導致已經許可的結合案事後再被公平會禁止，對於事業而言，每一場協商都會牽涉相當困難的決策，因此，對於可能被公平會認定為限制競爭疑慮較高的交易案件，建議特別注意後階段時程及人力的安排，並及早思考研議協商策略。

肆、結語與建議

事業間交易之開展、協議，乃至交割，通常可由參與交易的事業自行協商安排時程，然而，在超過一定門檻以上而須事先申

報並經過公平會許可的交易案，必不可忽略公平會的審理程序及其所可能帶來的影響，以免為山九仞，功虧一簣。

　　在瞭解了公平會辦理案件的程序後，擬參與交易的事業在最初階段就可以開始評估、準備未來在公平會審理程序會面臨的要求，並在協議階段將預估的時程、需要各交易方參與的協作工作、提供的資源等，以及任何可能的變數做充分的討論、推演，並且適當地反映在交易條款當中。事前的評估及準備得當，可有效節省人力及時間成本，並獲得更多的餘裕做成完整資料及協商策略的準備，以最有效率的方式、最有利的配置，順利完成併購的最後一哩路 —— 結合申報。

第四篇

最新議題展望

- 資通安全法制面面觀
- 外遇不是犯罪也不用賠償了？！ —— 簡評臺灣臺北地方法院 109 年度原訴字第 41 號民事判決

資通安全法制面面觀

趙緝熙、李柏昇

壹、緣起

2020 年底，美國政府的許多機構赫然發現系統中有不正常的存取紀錄，經過系統性的調查後才發現許多美國政府機構已經被俄羅斯的駭客入侵好一段時間，再經過一番數位鑑識（Digital Forensic）[1] 後才發現，原來是這些政府機關使用的外包廠商 SolarWinds 被俄羅斯駭客侵入，並且經由外包廠商的特別權限侵入政府機關的系統。這起 SolarWinds 事件中，受害的不只是政府機關，還有私人企業以及各種基礎建設提供者 [2]。

在 2021 年初，微軟緊急針對所有的信件伺服器用戶發布了一個程式補釘（Patch），因為微軟自己發現了其提供的 MS Exchange 系統中有弱點；但在這個程式補釘發布的同時，中國駭

---

[1] 指在資安事件後，鑑識專家藉由存取在電腦上的紀錄以瞭解攻擊者的攻擊路徑以及方式。由於許多企業在遭受攻擊後就會快速地重灌電腦，這讓數位鑑識無法有效地進行。

但這在其他國家的脈絡下就不見得是如此。例如美國的蘋果公司（Apple）就對以色列的 NSO 集團提出訴訟，控訴其開發的軟體天馬（Pegans）被用於入侵蘋果手機的作業系統。

[2] William Turton, Michael Riley, and Jennifer Jacobs, "Hackers Tied to Russia Hit Nuclear Agency; Microsoft Is Exposed," Bloomberg, December 18, 2020, https://www.bloomberg.com/news/articles/2020-12-17/u-s-states-were-also-hacked-in-suspected-russian-attack.

客就大規模地入侵 MS Exchange 用戶，並在使用者的伺服器中植入後門，以便後續可以擷取資料[3]。

　　在臺灣，近年來駭客入侵或勒索軟體等資通安全事件愈來愈頻繁，例如 2020 年就有中油以及其他企業同時被攻破且被放置勒索軟體的紀錄[4]。

　　這些事件在在表明了，當政府與企業愈來愈仰賴網路與電腦運算後，資料變成了一個高價值的資產，進而成為各方人士的目標。當然絕大多數的資訊交換都是藉由合法的授權，但近年來各種非法獲取資料的犯罪也愈來愈多。

　　面對這些挑戰，企業可能會認為這僅僅是技術問題，只要我們不斷投資技術，建置防火牆以及購買最新的防毒軟體，就可以處理絕大多數的問題。然而，只要軟體不斷地推陳出新，軟體就會有新的弱點。即便不斷地更新技術，我們仍然無法完全根除使用者被釣魚（Phishing）或是社會工程（Social Engineering）等方式攻擊[5]。因此，面對這樣的狀況，個人以及企業並不能假設這

---

[3]　Alyza Sebenius, "Microsoft Says China-Linked Group Targets Exchange Email," Bloomberg, March 3, 2021, https://www.bloomberg.com/news/articles/2021-03-02/microsoft-says-china-linked-group-targets-exchange-email.

[4]　法務部調查局網站，「國內重要企業遭勒索軟體攻擊事件調查說明」，2020 年 5 月 15 日，https://www.mjib.gov.tw/news/Details/1/607。

[5]　網路釣魚是指經由假的訊息、網頁、Email 等騙取帳號密碼的行為，而社會工程則是客製化地針對特定的使用者騙取帳號密碼的手段。根據美國電信公司威訊（Verizon）的報告，大約有 25% 的資安事件是被網路釣魚攻破的，而 85% 的資安事件與人為因素相關。

些資安風險可以被完全根除；我們必須思考的是，我們要如何讓資安風險變得可以控制。

　　而為了因應愈來愈大的資安風險，各國政府也都提出了不同的法規要求企業遵守一定的規範，這些規範有可能只是通報要求，也有可能是帶有罰則的規範。由於這個領域的法律規範比較新，各國主管機關大多還在摸索階段，本文並不會深入到個別細部的法規，而是以一個宏觀的角度點出資通安全的問題、法制的發展以及企業可以有什麼方式降低資通安全風險。

　　基於臺灣的企業除了面對本地的主管機關外，也常常會有跨國合規的需求。因此，本文討論的範圍除了臺灣主管既有的法制發展外，也同時提及美國的法制發展以供讀者參考。

貳、風險來源與應對方式

　　在進入法制的討論之前，我們先退一步想一個問題：為何資通安全重要？資通安全之所以重要，是因為企業（或是個人）持有了關於自己或他人的重要或是機密資訊。因此，企業持有何種類型的資訊也會影響到資通安全的風險來源。例如一個持有大量消費者個人資訊的購物平臺網站，其最大的風險來源會是希望竊取這些個資以用作其他用途的駭客；而假設有另一家公司是半導體設計的領先者，其最大的風險來源可能是其他競爭者竊取其商業機密的動機；如果另一家公司是關鍵基礎設施（例如電力、汽

油等），那麼該公司最大的風險來源可能是其他國家的政府希望
藉由攻擊基礎設施以達到政治效果。

　　而這也是企業在做資通安全維護計畫時首先要考慮的問
題 —— 到底哪類型的攻擊者是最大的風險來源？針對不同的風
險來源，企業需要有不同的內控政策與技術支援，而更重要的
是，主管機關也會有不同的合規要求。

　　總括來說，資通安全法制要處理的是資料洩漏或是駭客攻
擊等資通安全事件。這些事件的處理大約可以分成三個大面向：
一、處理被攻擊的企業循法律途徑向攻擊者求償；二、處理受到
資通安全事件影響的個人向受攻擊的企業循法律途徑求償；三、
即前面提到的，政府主管機關針對企業制定的合規要求。

　　關於第一個面向，由於資通安全事件的攻擊者大多在海外，
且在資料外洩後沒有快速地做有效的數位鑑識，最後是無法找到
確切的攻擊者以及無法有效地追索賠償。

參、資安相關訴訟

　　在使用者得知資料外洩後，其中一個救濟途徑就是去法院對
企業提起訴訟要求損害賠償。在臺灣，被害人可以依《個人資料
保護法》（下稱《個資法》）的規定向被攻擊的企業求償[6]。在

---

[6] 相對於臺灣有《個資法》的規定可以讓受害者直接對公司提起訴訟，美國由於沒
　有明確的法令規定使用者的求償機制，因此在美國訴訟實務上，雙方會爭執是否
　受害人有受損害之事實。

這種《個資法》訴訟中，典型的案例事實是：企業（通常是網購平臺）由於與使用者交易所以蒐集使用者的個人資料，之後因企業的疏失或是其他程式漏洞，使用者的資料被駭客獲取後出售給詐騙集團，不知情的使用者受到詐騙後向法院提起告訴求償。

在此類訴訟中，使用者都會依據《個資法》第 29 條第 1 項的規定：「非公務機關違反本法規定，致個人資料遭不法蒐集、處理、利用或其他侵害當事人權利者，負損害賠償責任。但能證明其無故意或過失者，不在此限。」主張平臺公司的損害賠償責任。必須要注意的事情是，本條的規定是對平臺方課予推定過失的責任，也就是說，如果使用可以證明平臺方違反了《個資法》的規定，造成個資洩漏致其受損的話，平臺就必須要負損害賠償責任。因此，訴訟的爭點都會集中在平臺方是否違反了《個資法》的規定。在訴訟中使用者會主張，平臺並沒有盡到《個資法》第 27 條要求建置適當安全措施的責任（詳如後述），而平臺則會舉證主張自己已經盡到了資通管理的責任因此不應負責。

一、讀冊生活案

截至今日，此類訴訟的代表案件是讀冊生活[7]、雄獅旅行社[8]被駭客攻擊後，使用者和消基會針對被竊取的個資以及後續的詐

---

[7] 臺北簡易庭 107 年度北小字第 4018 號民事判決、臺北簡易庭 107 年度北消簡字第 1 號民事判決。

[8] 內湖簡易庭 107 年度湖簡字第 110 號民事判決、臺灣士林地方法院 107 年度消字第 6 號民事判決。

騙案件提起訴訟。在讀冊生活的案件中，法院對於讀冊生活是否有建置並維護適當安全措施這點上意見分歧。在臺北簡易庭 107 年度北小字第 4018 號民事判決中，法院認為讀冊生活「……所提上開資安安全措施佈署資料、經濟部行政檢查執行項目回報簡報（見本院卷第 83 頁至第 127 頁反面），其內容多為政策性宣導，縱有提及具體措施，亦無從由前揭資料內容判斷該等措施足以維護被告經營系爭平台所保有之個人資料檔案不至遭他人不法取得而屬適當之資訊安全維護機制。」然而臺北簡易庭 107 年度北消簡字第 1 號民事判決中，法院卻認為，即便讀冊生活在被駭時沒有建置防火牆，但因為讀冊生活所持有之個人資料「……曾由被告以外之人經手，本件是否確係被告不當利用原告個人資料所致，在無證據足資證明確由被告洩漏兩造交易細節前，殊難遽認原告所指詐騙集團行騙時所稱訂單資料等細節，乃因被告之安全防護疏失所致。」

二、雄獅旅行社案

在雄獅旅行社的案件中，法院在內湖簡易庭 107 年度湖簡字第 110 號民事判決中認定，由於雄獅旅行社「……並未提出該公司對資安防護工作之建置相關資料，以佐證發生前述公司電腦遭駭、客戶資料外洩前，已對其所取得客戶資料建置有效防護措施外，更乏資料可認被告於本事件發生前，已於該公司內部就經手客戶資訊之員工建置完善、嚴格之管理制度。故難推認被告已就

其所取得客戶（包含本件原告在內）個人資料，善盡防護工作，以避免遭不法蒐集、處理、利用」，所以敗訴。

然而，於消基會於後續提起針對雄獅旅行社的團體訴訟中，法院卻在臺灣士林地方法院 107 年度消字第 6 號民事判決中認為：「被告公司已提出其個人資料檔案安全維護計畫（見本院卷一證物袋內），經與交通部觀光局所發布之旅行業個人資料檔案安全維護計畫範本（見本院卷二第 68 頁至第 74 頁）比對後，內容大致相符，包含個人資料處理及利用管理措施、事故預防、通報及應變機制、資料安全管理（包含員工、設備）及相關稽核機制等項目，均有明定，其中關於指定員工定期清查所保有之個人資料、設定員工不同權限以分別控管掌握之個人資料，以及輸出入個人資料時均需使用識別密碼、定期變更密碼等方式作為加密機制等，亦符合前揭旅行業個人資料檔案安全維護計畫及處理辦法第 4 條第 1 項、第 13 條第 1 款、第 14 條第 2 款等規定，至於計畫執行層面，被告公司亦進行內部稽核、資料安全人員職業訓練，並定期變更電腦系統作業密碼等情，有被告公司向交通部觀光局提出之內部稽核報告、系統指令頁面、職業訓練等資料為憑（見本院卷一第 344 頁至第 348 頁），足見被告公司為保有所掌握之個人資料檔案，已採行合於個資法所定之安全措施。」本判決也大致上勾勒出法院判斷的標準 —— 平臺公司必須依據主管機關發布之個人資料檔案安全維護計畫制定內部規則，而這個規則必須被有效執行。

　　無論如何，法院至今都不曾認為資料外洩之後造成的後續損害是平臺該負責，例如在內湖簡易庭 109 年度湖簡字第 1959 號民事判決中，法院就指出「……考量詐騙集團介入行為對損害結果之強度，遠超乎原先個人資料外洩之影響，且屬故意犯罪行為，被告亦無防止該第三人不法行為之契約或法令上義務，堪認詐騙集團對原告施以詐術之故意行為業已中斷被告過失使資料外洩結果與原告財產上損害間之因果關係」。

肆、主管機關與法遵要求

　　除了訴訟外，資安法制的另一個重點就是主管機關對於企業的法遵要求。目前來說與資安相關的法遵要求有三個：一、各業務主管機關針對所管制之產業制定的個資檔案維護安全辦法；二、《資通安全管理辦法》當中針對關鍵基礎設施提供者的資訊安全要求；三、準備全面上路針對上市上櫃公司的資通安全管控指引。沒有被這三個法規所涵蓋的企業暫時不用面對法遵的要求，但隨著企業資訊化的程度愈來愈高，未來勢必會有更多不同類型的企業被納入法遵的要求之中。

一、《個資法》第 27 條

　　前面段落所提及的訴訟風險，法院在做實質判斷的時候都會以企業在蒐集個人資訊時是否有採取《個資法》第 27 條第 1 項所

要求的「適當之安全措施」以防止個人資料遭竊取、竄改、毀損等。而所謂適當之安全措施，實務上指的就是《個資法》第 27 條第 2 項之「個人資料檔案安全維護計畫」。而針對這類個人資料檔案安全維護計畫，各主管機關大多有制定相對應的個人資料檔案安全維護辦法要求企業遵守。

以最常實際開出裁罰處分的金管會為例，金管會就有制定《金融監督管理委員會指定非公務機關個人資料檔案安全維護辦法》（下稱《金管會個資辦法》）。在《金管會個資辦法》中，受管制之企業被要求要提出個人資料保護管理計畫，並且要定期檢視、更新這些計畫。這些計畫需要包含資料管理程序、風險評估、稽核等。

此外，《金管會個資辦法》也規定，在資安事故後 72 小時內，企業有義務要通報金管會。除此之外，企業也被要求要在資料傳輸時進行加密。違反這些規定的結果是，金管會可以依據《個資法》開罰最高 20 萬元的罰鍰。例如在 2020 年，金管會在針對富士達保險經紀人公司的裁罰中[9]，未加密傳輸個人資料就是理由之一。

9　金融監督管理委員會網站，裁罰案件，2020 年 9 月 18 日，https://www.fsc.gov.tw/ch/home.jsp?id=131&parentpath=0,2&mcustomize=multimessages_view.jsp&dataserno=202009180005&dtable=Penalty。

　　然而，與國外類似的規定或是國際標準（詳後述）相比，《個資法》的規範並沒有太多的技術細節而僅有框架性的規定。但我們可以預期，隨著這議題愈來愈重要，再加上近期數位發展部的設立，主管機關可能會針對資安的技術細節有更多的規範。

二、《資通安全管理法》：關鍵基礎設施

　　鑑於愈來愈多的資安事件，臺灣於 2018 年通過了《資通安全管理法》（下稱《資通法》）。必須注意的事情是，這部法令目前規範的對象是公務機關以及被指定為關鍵基礎設施提供者的非公務機關。出於安全考量，政府並不會公布關鍵基礎設施的名單，但從關鍵基礎設施的定義來看 [10]，我們不難猜測石油、電力、銀行支付、醫院等機構會被指定為關鍵基礎設施。

　　受《資通法》管制的企業及公務機關會依據《資通安全責任分級辦法》（下稱《分級辦法》）分級，被分到不同等級的公司就會有相應的法遵要求 [11]。相比起《個資法》的要求，受《資通法》管制的企業有更高標準的法遵要求，且企業也被鼓勵要將安全系統的建置及維護委託專業的資安公司處理。

---

[10] 《資通法》第 3 條第 7 款：「本法用詞，定義如下：七、關鍵基礎設施：指實體或虛擬資產、系統或網路，其功能一旦停止運作或效能降低，對國家安全、社會公共利益、國民生活或經濟活動有重大影響之虞，經主管機關定期檢視並公告之領域。」

[11] 全國法規資料庫─資通安全責任等級分級辦法，https://law.moj.gov.tw/LawClass/LawAll.aspx?pcode=A0030304。

　　舉例來說，根據《分級辦法》，公立醫學中心會被指定為資通安全責任 A 級之機關；除了要導入 CNS/ISO 27001 資訊安全管理系統之標準外，也被要求設置至少四人的資安專職人員，並且每年必須辦理核心資訊系統之安全性檢測。

　　其中，CNS/ISO 27001 之標準與認證對於大部分企業來說大概是陌生的。但追根究柢，此認證與其他認證標準一樣，就是要通過專業機構課程的稽核認證以確保機構內的資訊管理系統有符合最佳模式。這些最佳模式，又連結到 ISO 27002 的技術標準。舉例來說，在驗證方式上面，ISO 27002 提倡利用不同方式做多層次驗證（Multifactor Authentication），而不鼓勵使用生物資訊驗證；在應用程式使用與監控上面，ISO 27002 也要求必須要針對既有的攻擊模式，例如緩衝區溢出（Buffer Overflow）或是 SQL 隱碼（SQL Injection）做出有效的防控。

　　從這些具體的技術規範來看，我們可以知道要符合整套的 CNS/ISO 27001 標準不是一件容易的事情，受管制的機構基本上都會把大部分的技術執行、稽核與訓練外包給專業的資安與顧問公司，再由顧問公司對機構做資訊管理與安全系統的維護。

三、上市櫃公司合規要求

　　對大多數的企業而言，近年最大的法規改變大概就是證交所公布了上市上櫃公司資通安全管控指引，如同名稱所示，此指

引也是做了比較框架性的規範，例如要求上市櫃公司建立獨立網域、訂立委外安全管理程序與委外管理等。

然而必須注意的事情是，最新一年的公司治理評鑑指標也將是否引入 ISO 27001 標準視為加分項目。所以，即便現在這些法規才剛上路，具體的細節也未臻明確。但在可預見的未來，資安標準的引入以及稽核會變得更為常見，甚至會成為許多企業選擇供應商與合作夥伴時考慮的標準之一。

四、規範發展方向：國際標準以及美國標準

除了前述的 ISO 27001 標準外，另一個影響力鉅大的資安管理標準就是美國國家技術標準局提出的風險控管架構 NIST SP 800-53 [12]；是美國聯邦機關參考的資安風險管理標準，而美國聯邦機構要與承包商購買服務時，也都會遵循這個標準。

相比起 ISO 27001，NIST SP 800-53 將技術細節直接規定在此規範標準中，並且更為強調機關組織對於資訊流的掌握。然而，由於 ISO 與 NIST 標準兩者之間的重複性高，其實同時符合這兩個標準並不會提高成本太多。由於 NIST SP 800 是一個供企業自我遵守的規範，不若 ISO 27001 有教育時數與稽核的規定，企業先行導入 NIST SP 800 可能會更節省成本。

---

[12] NIST Risk Management Framework RMF: SP 800-53 Downloads, https://csrc.nist.gov/Projects/risk-management/sp800-53-controls/downloads.

伍、企業對策

一、有效的資通安全計畫

　　面對這些實質的資安風險、訴訟風險以及法遵要求，企業應該循序漸進地導入有效的資安控管計畫。且必須再強調的是，資安控管計畫並不僅僅是技術性要求，而是整個資訊流、人流的控管以及人員對於資安的意識。

　　對於尚未被要求引入 ISO 標準的企業，如果要有效地規劃與執行資通安全計畫，可以考慮以 NIST 在資安框架（Cybersecurity Framework）下提出的五大功能項目為基礎去規劃資通安全計畫 [13]。這些功能項目依序為辨認（Identify）、防護（Protect）、偵測（Detect）、回應（Respond）、回復（Recover）。

　　辨認是指辨認可能的攻擊來源以及可能的攻擊模式，例如對於一般的網購通路來說，最可能的攻擊來源是經濟動機的駭客，他們可能會用惡意軟體封鎖伺服器並索取高額的贖金（這種又稱為勒索軟體攻擊），或是竊取個資賣給詐騙集團。對於高科技公司來說，可能的攻擊來源反而是其他國家或其他公司想要竊取商業機密。而對於基礎設施提供者來說，攻擊來源最有可能是其他國家想藉由攻擊基礎設施來達到政治目的。

---

[13] NIST Risk Management Framework RMF: Overview, https://csrc.nist.gov/projects/risk-management.

　　辨認之後就是針對可能的攻擊做有效的防護措施,例如出於經濟動機的駭客攻擊,有效的應對方式除了基本的防火牆、反釣魚等措施外,去購買針對資通安全的產物保險也是一個可行的選擇。但對於目標是刺探商業機密的攻擊,企業可能必須花更多的力氣針對管理層進行反釣魚、反社會工程的訓練。而不論是針對哪類攻擊,有效的備份總是可以降低未來資安事件出現後的損失。

　　除了事前的防護之外,針對可能攻擊的偵測也必須是整個安全計畫的一環。如果認為可能的風險是出於金錢動機的駭客,那企業就要強調針對未授權存取的偵測;如果認為可能的風險是駭客欲癱瘓整個服務的話,那就要強調針對分散式阻斷服務攻擊(Distributed Denial of Service, DDoS)[14] 以及 SQL 隱碼攻擊的偵測。

　　即便我們前述的防護都做得很好了,仍然有可能會有資通安全事件的發生。那發生的時候就需要有效的回應以及回復,例如遇到了勒索軟體的攻擊,最好的回應及回復是損害控制、資料復原。如果遇到了針對性的商業機密刺探,最好的回應及回復反而不是馬上清除後門以及做檔案復原,而是做完整的數位鑑識,看有沒有機會追蹤到攻擊者以瞭解是誰在做此類的攻擊。

---

[14] 指利用大量被控制的網路流量去同時存取一個伺服器,造成伺服器超載而無法持續提供服務。面對這類攻擊,通常的反制方式是偵測不正常流量來源並阻斷訪問,或是將其導入其他虛擬伺服器以維持原本的服務。

　　簡言之，有效的資通安全計畫一定是依據不同的組織型態與需求而制定的，不會有一體適用的安全計畫。

二、產物保險

　　另一個企業可以降低資安風險的措施就是購買產物保險以填補資安造成的損失。由於保險產品在臺灣需要經過較為繁複的審查程序，就我們所知，只有少數的本土產物保險公司以及外國保險公司在臺分公司有銷售此類的保險產品[15]。

　　資安保險由於通常是客製化的保險，其涵蓋內容與理賠範圍都不盡相同。常見的理賠範圍有資料保護保險、資料錯誤服務中斷保險、資料不法行為保險等。有些涵蓋範圍不包含資料被不法攻擊所產生的經濟損失，而只包含系統修復的損失。

　　而且這些保險的費率也與要保人是否有建制完整的資通安全計畫息息相關。現在最新的趨勢是，如果要保人沒有制定資通安全計畫，保險人會不願意承保或是將保費提高好幾倍。

　　更需要注意的事情是，即便買了資安保險而可以降低資安事件對企業的經濟損失，然而無形的商譽損失是更難衡量的。因此，保險最多就是作為資安的最後一道防線，而不應該被過度仰賴。

---

[15] 例如國泰產險、Chubb、AIG。

三、契約與盡職查核注意事項

由於各國主管機關愈來愈重視資安相關的風險控管與法遵，企業在製造供應合約、服務合約、或是併購交易當中，可能也會有愈來愈高的機會遇到資安查核相關的議題。

例如跨國公司在進行供應商管理時，可能會開始要求供應商必須要符合本文所述的 NIST 或是 ISO 標準。如果公司提供的服務與個人資料相關，也最好在契約條款中加入資安相關規範與標準以控管可能的資安風險。這類條款可以是很空泛地要求契約另一方必須做適當之資安防護，也可以是鉅細靡遺地要求契約另一方遵循某些技術與管理標準。

最後是在未來的併購與上市案件中，資安稽核可能也會是愈來愈重要的查核項目。即便短期內這類議題大概不會是一個交易案的 deal breaker，但他也愈來愈有可能成為估價時重要的風險因素。

陸、結語

其實資安法制的基本邏輯與其他風險控管機制有相類似之處，風險控管的核心其實是先認識到風險無法根本性地革除，只能控制。而事前設定好一套風險控制機制才能讓事發當下有辦法不慌亂地應對。這也是近年來法遵要求的主要方向 —— 強化資通安全計畫的角色。

　　這些資通安全的議題也會滲入其他交易之中，從供應鏈管理到服務契約都會遇到資通安全議題，這些都是企業不可不注意的發展趨勢。

外遇不是犯罪也不用賠償了？！——簡評臺灣臺北地方法院 109 年度原訴字第 41 號民事判決

張倪羚

壹、緣起

2021 年底，臺灣臺北地方法院宣示了一則發生婚外情時原配不能以配偶權被侵害為由，向第三者請求損害賠償的判決[1]，改變了以往司法實務慣常的見解，使破壞婚姻關係的超友誼行為不需背負民事損害賠償責任，在此之前不久，我國大法官方以釋字第 791 號解釋宣示《刑法》第 239 條通姦罪違憲而失效[2]，故於此則判決宣示後，似乎觸動了大眾的敏感神經，讓司法新聞少見地躍上各大媒體版面，一時間輿論嘩然，斗大的標題質問著：以後外遇不是犯罪也不用賠償了嗎？

---

[1] 臺灣臺北地方法院 109 年度原訴字第 41 號民事判決。

[2] 釋字第 791 號【通姦罪及撤回告訴之效力案】解釋文：「刑法第 239 條規定：『有配偶而與人通姦者，處 1 年以下有期徒刑。其相姦者亦同。』對憲法第 22 條所保障性自主權之限制，與憲法第 23 條比例原則不符，應自本解釋公布之日起失其效力；於此範圍內，本院釋字第 554 號解釋應予變更。刑事訴訟法第 239 條但書規定：『但刑法第 239 條之罪，對於配偶撤回告訴者，其效力不及於相姦人。』與憲法第 7 條保障平等權之意旨有違，且因刑法第 239 條規定業經本解釋宣告違憲失效而失所依附，故亦應自本解釋公布之日起失其效力。」

　　想要回應這個提問還是得話說從頭，不只回到該則判決之前，更要回到大法官做出釋字第 791 號解釋之前。人聚集為群體，群體的運作需要秩序，秩序的建立首重規範，而規範則不限於法令，概凡道德風俗、信仰教條、約定成俗、法規命令等均屬之；但人在群體生活中，並非所有的言行舉止都會受到規範，也不是所有需要規範的言行都需要以法令明文賦予一定的效力作為圭臬，例如某人購買要價 1,000 元的商品時，為了刁難賣方而以 1,000 個 1 元硬幣付款，賣方為了賺取利潤耗費數小時清點款項，買方的行為於社會價值觀上似乎會被認定為不道德，但恐怕不屬於不法行為，即尚未嚴重到需要以法令規範的程度。

　　關於已婚伴侶間的忠誠義務即性行為自由是否需要以法令規範，幾乎是每個群體、每個世代不斷被討論甚至是調整的議題，而不同群體、不同世代所得出的結論也不盡相同；在臺灣，已婚人士與配偶外之第三人發生性行為，該已婚人士與第三人依原有的舊法制，會構成《刑法》第 239 條通姦罪[3]，而依司法實務慣常的見解[4]，另一方可依《民法》第 1052 條第 1 項第 2 款規定[5]

---

[3]　2021 年 6 月 16 日修正前《刑法》第 239 條：「有配偶而與人通姦者，處一年以下有期徒刑。其相姦者亦同。」

[4]　最高法院 55 年度台上字第 2053 號民事判決（原選為判例）、臺灣高等法院 110 年度上易字第 816 號民事判決、臺灣高等法院 109 年度上易字第 1443 號民事判決、臺灣高等法院 109 年度上易字第 310 號民事判決等。

[5]　民法 1052 條：「夫妻之一方，有下列情形之一者，他方得向法院請求離婚：一、重婚。二、與配偶以外之人合意性交。三、夫妻之一方對他方為不堪同居之虐待。四、夫妻之一方對他方之直系親屬為虐待，或夫妻一方之直系親屬對他方為虐待，致不堪為共同生活。五、夫妻之一方以惡意遺棄他方在繼續狀態中。六、夫妻之一方意圖殺害他方。七、有不治之惡疾。八、有重大不治之精神病。

請求與配偶離婚，並可依《民法》第 1056 條[6] 請求配偶賠償財產
上及精神上遭受之損害，或可依《民法》第 184 條第 1 項[7]、第
185 條[8]、第 195 條第 1 項前段、同條第 3 項規定[9] 請求配偶及第
三者連帶賠償財產上及精神上遭受之損害。

　　2020 年 5 月，大法官釋字第 791 號解釋認為婚姻係配偶雙方
自主形成之永久結合關係，除使配偶間在精神上、感情上與物質
上得以互相扶持依存外，並具有各種社會功能，乃家庭與社會形
成、發展之基礎，「婚姻」自受《憲法》所保障；但隨著社會自
由化與多元化之發展，參諸當代民主國家婚姻法制之主要發展趨
勢，婚姻關係中包括「性自主權」之個人人格自主之重要性，已

　　九、生死不明已逾三年。十、因故意犯罪，經判處有期徒刑逾六個月確定（第 1
　　項）。有前項以外之重大事由，難以維持婚姻者，夫妻之一方得請求離婚。但其
　　事由應由夫妻之一方負責者，僅他方得請求離婚（第 2 項）。

[6]　《民法》第 1056 條：「夫妻之一方，因判決離婚而受有損害者，得向有過失之他
　　方，請求賠償（第 1 項）。前項情形，雖非財產上之損害，受害人亦得請求賠償
　　相當之金額。但以受害人無過失者為限（第 2 項）。前項請求權，不得讓與或繼
　　承。但已依契約承諾或已起訴者，不在此限（第 3 項）。」

[7]　《民法》第 184 條：「因故意或過失，不法侵害他人之權利者，負損害賠償責任。
　　故意以背於善良風俗之方法，加損害於他人者亦同（第 1 項）。違反保護他人之
　　法律，致生損害於他人者，負賠償責任。但能證明其行為無過失者，不在此限（第
　　2 項）。」

[8]　《民法》第 185 條：「數人共同不法侵害他人之權利者，連帶負損害賠償責任；
　　不能知其中孰為加害人者亦同（第 1 項）。造意人及幫助人，視為共同行為人（第
　　2 項）。」

[9]　《民法》第 195 條：「不法侵害他人之身體、健康、名譽、自由、信用、隱私、
　　貞操，或不法侵害其他人格法益而情節重大者，被害人雖非財產上之損害，亦
　　得請求賠償相當之金額。其名譽被侵害者，並得請求回復名譽之適當處分（第 1
　　項）。前項請求權，不得讓與或繼承。但以金額賠償之請求權已依契約承諾，或
　　已起訴者，不在此限（第 2 項）。前二項規定，於不法侵害他人基於父、母、子、
　　女或配偶關係之身分法益而情節重大者，準用之（第 3 項）。」

更加受到肯定與重視，而婚姻所承載之社會功能則趨於相對化；基於《刑法》謙抑性原則，國家以刑罰制裁之違法行為，原則上應以侵害公益、具有反社會性之行為為限，而不應將損及個人感情且主要係私人間權利義務爭議之行為亦一概納入刑罰制裁範圍；即認定「婚姻關係」應受《憲法》保障，但「性自主決定權」不應受《刑法》拘束，從而認定《刑法》第239條通姦罪違憲而失效。嗣於2021年6月《刑法》修正時，第239條通姦罪即予刪除。

至2022年11月，臺灣臺北地方法院109年度原訴字第41號民事判決改變了以往司法實務慣常的見解，就婚姻關係中發生婚外情之情事時，原配不能以「配偶權」受侵害為由向第三者請求損害賠償[10]，等於宣告了已婚人士與配偶外之第三人發生性行為時，該已婚人士與第三人非但不再構成刑事通姦罪責[11]，且該已婚人士之配偶亦無法以「配偶權」受侵害為由向該已婚人士及第三者請求連帶賠償財產上及精神上遭受之損害，無異使「婚姻關係」中之「忠誠義務」之違反，除構成訴請離婚事由外，完全不受法律保障或限制；該判決直截了當地挑戰臺灣社會長期以往對已婚伴侶間的忠誠義務即性行為自由「需要」以法令規範加以「懲罰」或「賠償」之普世價值，無怪乎一時間引起輿論嘩然。

---

[10] 同註1。
[11] 同註2。

貳、臺灣臺北地方法院 109 年度原訴字第 41 號民事判決簡析

　　臺灣臺北地方法院 109 年度原訴字第 41 號民事判決之背景事實略為：於 2019 年 4 至 6 月間，有配偶之人洪先生與洪女士通電話超出一般交友範疇及界限，二人復於同年 8 月間在外牽手而有婚外情，洪先生之配偶陳女士乃向洪女士請求非財產上損害賠償新臺幣（下同）80 萬元等。經法院審理後認為不應肯認「配偶權」之概念，無論原告陳女士主張其配偶洪先生與被告洪女士有婚外情之情事是否為真，原告均不得以被告侵害其「配偶權」為由，請求被告負侵權行為損害賠償責任，給付非財產上損害賠償，故判決駁回原告之訴。

　　該判決主要之理由為：釋字第 748 號解釋以攸關個人人格健全發展與人性尊嚴之維護，肯認人民有自主決定「是否結婚」及「與何人結婚」之《憲法》第 22 條結婚自由；釋字第 791 號解釋以與個人人格有不可分離之關係，且與人性尊嚴密切相關，認為屬於個人自主決定權一環之性自主權，受《憲法》第 22 條所保障；可見我國《憲法》規範已由過往強調婚姻與家庭之制度性

保障功能[12]，變遷至重視以獨立個體為基礎之性自主決定權[13]；足見配偶彼此間為相互獨立自主之個體，不因婚姻關係所負之忠誠義務而有支配他方意志或自主決定之特定權利，故在前述《憲法》典範變遷之脈絡下，自不應承認隱含配偶為一方客體，受一方獨占、使用之「配偶權」概念。

　　惟該判決就何謂配偶權？配偶權是否「就是」配偶的性自主決定權？配偶權是否「只是」配偶的性自主決定權？配偶權是否屬於民事侵權行為法則中《民法》第 184 條第 1 項前段所保護之「權利」、《民法》第 184 條第 1 項後段所保護之「利益」、第 195 條第 1 項所保護之「人格法益」或第 195 條第 3 項規定所保護之「身分法益」？何以婚姻關係所負之忠誠義務不屬於刑事不法行為不負通姦罪責，即當然地亦不屬於民事不法行為不負侵權行為損害賠償責任？等問題均未詳加說明。

---

[12] 釋字第 554 號解釋文：「婚姻與家庭為社會形成與發展之基礎，受憲法制度性保障（參照本院釋字第 362 號、第 552 號解釋）。婚姻制度植基於人格自由，具有維護人倫秩序、男女平等、養育子女等社會性功能，國家為確保婚姻制度之存續與圓滿，自得制定相關規範，約束夫妻雙方互負忠誠義務。性行為為自由與個人之人格有不可分離之關係，固得自主決定是否及與何人發生性行為，惟依憲法第 22 條規定，於不妨害社會秩序公共利益之前提下，始受保障。是性行為之自由，自應受婚姻與家庭制度之制約。婚姻關係存續中，配偶之一方與第三人間之性行為應為如何之限制，以及違反此項限制，應否以罪刑相加，各國國情不同，應由立法機關衡酌定之。刑法第 239 條對於通姦者、相姦者處 1 年以下有期徒刑之規定，固對人民之性行為自由有所限制，惟此為維護婚姻、家庭制度及社會生活秩序所必要。為免此項限制過嚴，同法第 245 條第 1 項規定通姦罪為告訴乃論，以及同條第 2 項經配偶縱容或宥恕者，不得告訴，對於通姦罪附加訴追條件，此乃立法者就婚姻、家庭制度之維護與性行為自由間所為價值判斷，並未逾越立法形成自由之空間，與憲法第 23 條比例原則之規定尚無違背。」

[13] 同註 2。

參、臺灣臺北地方法院 109 年度訴字第 2122 號民事判決簡析

　　嗣做出該判決之同一位法官，於 2022 年 4 月 8 日復以臺灣臺北地方法院 109 年度訴字第 2122 號民事判決宣示就婚姻關係中發生婚外情之情事時，原配不能以「配偶權」受侵害為由向第三者請求損害賠償，並進一步說明：

一、「配偶權」並非「《憲法》上權利」

　　以釋字第 791 號解釋理由書可推論「婚姻自由」保障範圍內之「配偶間親密關係權利」，相當於「配偶權」之概念，且婚姻係以「忠誠義務」為內涵，其核心要素為對於他方配偶「性與感情、精神、行為等親密關係之獨占、使用權」，實際上即為配偶一方對於他方性器官之排他、獨占使用權；而我國《憲法》對於以婚姻約束配偶雙方忠誠義務，不再強調婚姻之制度性保障，轉為重視婚姻關係中配偶雙方平等、自主之「個人」性自主決定權，配偶彼此間為相互獨立自主之個體，不因婚姻關係而有支配他方意志或性親密關係自主決定之特定權利，故自不應承認以「性與感情、精神、行為等親密關係之獨占、使用權」作為核心之「配偶權」概念，更不應承認此為「婚姻自由」所涵蓋之《憲法》上權利[14]。

---

[14] 臺灣臺北地方法院 109 年度訴字第 2122 號民事判決：「2. 又配偶權之憲法上基礎，或可能為憲法第 22 條之『婚姻自由』，此復涉及婚姻之定義與內涵。參以釋

二、「配偶權」並非「法律上權利」

關於「配偶權」之概念，民事侵權行為法並無規定，最初係由最高法院 41 年度台上字第 278 號、55 年度台上字第 2053 號民事判決演進。惟前者配偶權之概念實際上係從「夫權」演變而來，已不符強調男女平權之今日；後者則未詳細說明「權利」之內涵（為《憲法》上權利或法律上權利），亦未指明由婚姻契約之

字第 791 號解釋理由書提及因婚姻而生之永久結合關係，具有使配偶雙方在精神上、感情上與物質上互相扶持依存之功能，國家為維護婚姻，非不得制定相關規範，以約束配偶雙方忠誠義務之履行；憲法保障人民之『婚姻自由』，包括個人自主決定『是否結婚』、『與何人結婚』、『兩願離婚』，以及與配偶共同形成與經營其婚姻關係（例如配偶間親密關係、經濟關係、生活方式等）之權利（參釋字第 791 號解釋理由書第 29、31 段），故『似』可推論『婚姻自由』保障範圍內之『配偶間親密關係權利』，相當於『配偶權』之概念，且婚姻係以『忠誠義務』為內涵，其核心要素為對於他方配偶『性與感情、精神、行為等親密關係之獨占、使用權』（黃昭元大法官於釋字第 791 號解釋協同意見書第 31 至 32 段針對刑法『通姦罪』目的合憲性之審查，即明確指出配偶雙方互負之婚姻忠誠義務，實際上係配偶一方對於他方性器官之排他、獨占使用權【性忠誠義務】，而此即為配偶權之核心要素）。3. 然而，將構成『配偶權』核心之『性與感情、精神、行為等親密關係之獨占、使用權』，解釋為憲法第 22 條婚姻自由之內涵，難以說明何以刑法處罰對配偶犯強制性交、強制猥褻之行為（參刑法第 221 條、第 224 條、第 229 條之 1），亦無法解釋配偶不履行民法上之同居義務（參民法第 1001 條，無論此處之同居義務係指單純履行性義務，或形式上對於身體之禁錮），經他方取得命履行同居義務之確定判決，仍不得採取處以怠金或管收之間接強制方法，強制配偶為履行同居之不可代替行為（參強制執行法第 128 條第 2 項），堪認配偶權之核心要素（即親密關係之獨占、使用權）及大法官解釋所闡明之婚姻意涵（即忠誠義務），實際上根本無從執行或實現，而非僅係對於婚姻自由基本權之限制，自無從肯認配偶權受婚姻自由所保障，而屬憲法上之權利。4. 另配偶權之核心要素：『性與感情、精神、行為之獨占、使用權』，無非係將配偶物化、隱含為他方之客體，林永謀大法官即批評釋字第 569 號解釋多數意見闡明通姦悖離婚姻忠誠、破壞家庭和諧，侵害配偶憲法第 22 條所保障之自由權利，無異承認配偶之一方對於他方之性行為自由（性自主權）具有憲法位階之權利，不僅與憲法基本權保障之規範意旨及釋字第 554 號解釋意旨有違，將他方配偶之性自由視為一方配偶之權利客體，更違反憲法人性尊嚴保障之原則（參釋字第 569 號解釋林永謀大法官一部協同、一部不同意見書二）。林子儀大法官更質疑多數意見未具體說明究竟係侵害配偶憲法第 22 條所保障之何種自由權利，因而認為該自由權利過於抽象、無法具體化而根本不存在（參釋字第 569 號解釋林子儀大法官協同意見書一之第 2、3 段）。」

誠實義務，如何推論非身分契約相對人之第三人得以侵害配偶之權利，自無從憑此判決遽認通姦或相姦行為侵害配偶之「權利」[15]；

---

[15] 臺灣臺北地方法院 109 年度訴字第 2122 號民事判決：「2. 關於『配偶權』之概念，民事侵權行為法並無規定，最初係由二則最高法院判決演進。最高法院 41 年度台上字第 278 號判決指出：『……按夫對於妻在現行法上並無何種權利可言，他人與其妻通姦，除應負刑事責任外，固無所謂侵害夫之權利，惟依社會一般觀念，如該他人明知為有夫之婦而與之通姦，不得謂非有以違背善良風俗之方法加損害於人之故意，苟夫確因此受有財產上或非財產上之損害，依民法第 184 條第 1 項後段，自仍得請求賠償損害。……』，足見最高法院認為民法親屬篇未肯認夫對於妻享有夫權，故就配偶之通姦行為，至多僅可能依民法第 184 條第 1 項後段為請求。由此可徵，『配偶權』之概念實際上係從『夫權』演變而來，在強調男女平權之今日，則以『配偶權』取代原本『夫權』或『妻權』之用語，惟實際上並未更易原先『夫權』所具有支配、將配偶視為客體之內涵。故無論採取之用語為『配偶權』、『夫權』或『妻權』，均難認為此為法律上所肯認之權利。3. 之後最高法院 55 年度台上字第 2053 號民事判決闡述：『……按民法第 184 條第 1 項前段規定以「權利之侵害」為侵權行為要件之一，故有謂非侵害既存法律體系所明認之「權利」，不構成侵權行為，惟同法條後段規定，「故意以背於善良風俗之方法，加害於他人者亦同」，則侵權行為，係指違法以及不當加損害於他人之行為而言，至於所侵害係何權利，要非所問，……通姦之足以破壞夫妻間之共同生活，而非法之所許，此從公序良俗之觀點可得斷言，不問所侵害係何權利，對於配偶之他方應構成共同侵權行為，再按婚姻係以夫妻之共同生活為其目的，配偶應互相協力，保持其共同生活之圓滿安全，及幸福，而夫妻互守誠實，係為確保其共同生活之圓滿安全及幸福之必要條件，故應解為配偶因婚姻契約而互負誠實之義務，配偶之一方行為不誠實，破壞共同生活之圓滿安全及幸福者，即為違反因婚姻契約之義務，而侵害他方之權利』，實務見解亦大多援引此判決作為『配偶權』或『共同生活圓滿安全及幸福之權利』為民法第 184 條第 1 項前段『權利』之基礎。4. 惟前開最高法院 55 年度台上字第 2053 號民事判決係認為民法第 184 條第 1 項後段，不論侵害何種權利，均受之，與本院在（一）明確表示我國侵權行為法體例係參考德國法制，區分三種一般侵權行為類型，民法第 184 條第 1 項後段之侵權行為標的係『利益』，顯然不同，已難作為參考之基礎。即使不討論所依據之請求權基礎，單純以權利或利益觀察，此判決未詳細說明『權利』之內涵（為憲法上權利或法律上權利），亦未指明由婚姻契約之誠實義務，如何推論非身分契約相對人之第三人得以侵害配偶之權利，自無從憑此判決遽認通姦或相姦行為侵害配偶之『權利』（王澤鑑教授並質疑該判決肯定與有配偶之人相姦時，係侵害他人配偶之權利，係將配偶因婚姻所負誠實之契約上相對義務予以絕對化，參王澤鑑，侵權行為法，增補版，頁 104 至 105，110 年）。5. 縱使肯認配偶權為一種法律上權利，因他方配偶享有憲法第 22 條保障之性自主決定權，就此所生『配偶權』與『性自主決定權』之衝突，自然係以憲法上所保障之『性自主決定權』優先，故刑法第 239 條通姦罪、相姦罪規定，經司法院大法官以釋字第 791 號解釋認定限制人民憲法第 22 條所保障之性自主權，違反憲法第 23 條比例原

縱使肯認配偶權為一種法律上權利，因他方配偶享有《憲法》第
22 條保障之性自主決定權，就此所生「配偶權」與「性自主決定
權」之衝突，自然係以《憲法》上所保障之「性自主決定權」優
先，故在《刑法》第 239 條通姦罪、相姦罪規定，經司法院大法
官以釋字第 791 號解釋認定限制人民《憲法》第 22 條所保障之性
自主權，違反《憲法》第 23 條比例原則，自 109 年 5 月 29 日解
釋公布日起失其效力後，即難認通姦或相姦行為有何侵權行為之
不法性 [16]。

三、違反忠誠義務之行為並不會侵害配偶之權利或義務

《民法》第 195 條第 1 項前段之侵權行為標的為「身體、
健康、名譽、自由、信用、隱私、貞操」之「權利」，以及「其

則，自 109 年 5 月 29 日解釋公布日起失其效力後，即難認通姦或相姦行為有何侵
權行為之不法性。至於民法第 1052 條第 1 項第 1、2 款規定『重婚』及『與配偶
以外之人合意性交』為裁判離婚事由，係家庭法（親屬法）上關於夫妻離婚之規
範，與侵權行為法主要功能在於釐清個人行為界限、權衡個人行為與權益保護迥
異，故自難以親屬法之規定遽認通姦或相姦行為當然構成侵權行為法上之不法。」
[16] 臺灣臺北地方法院 109 年度訴字第 2122 號民事判決：「……『身分權』固屬『人
格權』之內涵，惟考量立法者已於民法第 195 條第 3 項限定具有特定身分關係
者，始得請求非財產上損害賠償，如將身分權解釋為民法第 184 條第 1 項前段、
第 195 條第 1 項前段之人格權範圍，不僅與立法者明顯區隔人格法益與身分法益
之旨相悖，在解釋身分權之範圍時，亦將產生是否限於民法第 195 條第 3 項所指
父、母、子、女身分關係之疑問，故應認民法第 184 條第 1 項前段之『權利』，
不包括身分權在內。6. 綜上可知，民法第 195 條第 1 項前段之侵權行為標的為『身
體、健康、名譽、自由、信用、隱私、貞操』之『權利』，以及『其他人格法益
而情節重大』之『非財產上利益』，民法第 195 條第 3 項之侵權行為標的則係『基
於父、母、子、女或配偶關係之身分法益而情節重大』之『（非財產上）利益』。
民法第 195 條第 1 項前段既同時規範人格之『權利』與人格法益之『利益』，
針對『權利』與『利益』之侵害，即應分別適用民法第 184 條第 1 項前段、後段
之責任成立要件規定；至於民法第 195 條第 3 項規定，因僅單純規範身分法益之
『利益』，自僅適用民法第 184 條第 1 項後段之責任成立要件規定。」

他人格法益而情節重大」之「非財產上利益」，應分別適用《民法》第 184 條第 1 項前段、後段之責任成立要件規定；《民法》第 195 條第 3 項之侵權行為標的則係「基於父、母、子、女或配偶關係之身分法益而情節重大」之「（非財產上）利益」，僅適用《民法》第 184 條第 1 項後段之責任成立要件規定。配偶權非屬《憲法》上或法律上之權利，且違反忠誠義務之行為並不會侵害配偶之配偶身分與健康，故不會侵害配偶的權利；而婚姻非以配偶間之忠誠義務為其價值，建立在配偶忠誠義務之「共同生活之圓滿安全及幸福」，於現行《憲法》規範意義下，難認屬於法律所賦予具有一定地位之法律上利益，故違反忠誠義務之行為亦不會侵害配偶的權利；即使肯認原告即原配確有「婚姻共同生活圓滿幸福」之法律上利益存在，且被告即第三者所為相姦行為係侵害原基於配偶關係之身分法益，既涉及原告「身分法益」之法律上利益，以及被告《憲法》第 22 條「性自主決定權」之衝突，自應優先保障被告受《憲法》保障之「性自主決定權」，故被告行為尚非侵害原告之身分法益而情節重大，原告自不得對被告請求非財產上損害賠償 [17]。

---

[17] 臺灣臺北地方法院 109 年度訴字第 2122 號民事判決：「……我國憲法規範已由夫妻雙方為『生活共同體』（釋字第 554 號解釋），變遷至重視婚姻關係中以獨立個體為基礎之『人格自主（包含性自主決定權）』，且婚姻非以配偶間之忠誠義務為其價值，業如前述（參（三）6.、9），則建立在配偶忠誠義務之『共同生活之圓滿安全及幸福』，於現行憲法規範意義下，難認屬於法律所賦予具有一定地位之法律上利益。2.況『共同生活之圓滿安全及幸福』本身極為抽象且難以定義，每個人對於幸福婚姻之圖像亦不盡相同，有認為配偶無時無刻之陪伴為婚姻幸福之表

　　該判決並認「侵權行為法無法對破壞、背棄婚姻之第三人或配偶請求損害賠償，不代表家庭法無法解決此問題。又婚姻為身分法上之契約，婚姻之維繫有賴於配偶雙方之溝通、互信與承諾，絕非單純使配偶負有類似貞操帶之（性）忠誠義務，何況第三人對於他人婚姻亦無任何忠誠義務可言；如婚姻確實已經無法維繫，應依親屬法關於裁判離婚、剩餘財產分配（民法第 1030 條之 1）、離婚損害（民法第 1056 條第 1 項）及贍養費（民法第

徵，有認為外觀互動徒具形式，心靈上之交流始為美滿婚姻之重點，亦有認為婚姻生活中之爭執與不完美，才是維繫婚姻生活美滿之必要條件；如所謂之幸福婚姻於配偶基於自由意志，自願與第三人為肉體上或精神上出軌行為前，即已破毀而不復存在，配偶或第三人更無從破壞婚姻之圓滿與幸福（黃詩純教授亦認為，婚姻關係之當事人自願放棄『美滿幸福婚姻』之權利或利益，追求婚外性行為或離家出走而棄配偶於不顧，難認其放棄利益構成何種不法，其並質疑配偶傷害他方或社會對於美滿關係之期待，可否請求侵權行為損害賠償，參黃詩純引言稿，婚外性的罪與罰，臺灣法學雜誌，223 卷，頁 46、53 至 54，102 年）。3. 再者，由法院介入判斷私人婚姻是否美滿、幸福，無疑係以法官自己之價值觀決定幸福婚姻之定義、婚姻是否破碎、配偶間應有之相處模式（白頭偕老或柴米油鹽醬醋茶），且婚姻之破碎不盡然係配偶一方之行為所造成，肉體上出軌之一方或許道德上值得非難，但配偶間缺乏溝通、生活中之冷暴力，何嘗亦不是促成婚姻走上終點之原因。如肯認『婚姻與家庭共同生活圓滿幸福』之利益為法律上利益，因此利益極為抽象、空洞，父、母、配偶或可以其子女、配偶沉迷於電動玩具、社群媒體、影音分享網站，無心維繫家庭與婚姻生活；子、女、配偶亦得以其父、母、配偶工作繁重，無暇顧及家庭與婚姻，致破壞家庭生活之美滿及幸福，分別對於以演算法推播之電動玩具公司、社群媒體公司、影音分享公司，以及給予父、母、配偶超額工作量之政府機關或私人企業，主張侵害渠等基於父、母、子、女、配偶關係之身分法益而情節重大，請求非財產上損害賠償。由此益徵，維持婚姻與家庭共同生活圓滿幸福之利益，難以作為法律上應予保護之利益。4. 即使肯認原告確有『婚姻與家庭共同生活圓滿幸福』之法律上利益存在，且被告所為相姦行為係侵害原告基於配偶關係之身分法益，則法院適用民法第 184 條第 1 項後段規定時，自應為基本權利之價值權衡。本件既涉及原告『身分法益』之法律上利益，以及被告憲法第 22 條『性自主決定權』之衝突，自應優先保障被告受憲法保障之『性自主決定權』，故被告行為尚非侵害原告之身分法益而情節重大，原告自不得依民法第 184 條第 1 項後段、第 195 條第 3 項規定，對被告請求非財產上損害賠償。」

1057 條）之規定解決（惟此部分如（四）6. 所述，於釋字第 791
號解釋作成後，似有必要通盤檢討親屬法之相關規定），殊無就
配偶間因身分契約所涉之事項，請求侵權行為法上損害賠償之餘
地。」

　　該判決立意良善，並就何謂配偶權、配偶權是否即配偶的
性自主決定權、配偶權是否屬於民事侵權行為法則中《民法》第
184 條第 1 項前段所保護之「權利」、《民法》第 184 條第 1 項
後段所保護之「利益」、第 195 條第 1 項所保護之「人格法益」
或第 195 條第 3 項規定所保護之「身分法益」等問題進而說明。
惟細繹判決全文，其邏輯與論理確與我國原有的舊法制及司法實
務慣常的見解不同，且何以配偶權「就只是」配偶的性自主決定
權？婚姻關係除性忠誠義務外，就沒有其他權義了嗎？又何以婚
姻關係所負之忠誠義務不屬於刑事不法行為不負通姦罪責，即當
然地亦不屬於民事不法行為不負侵權行為損害賠償責任？等問題
均未詳加說明，故該判決理由恐無法使人完全信服。

肆、臺灣臺北地方法院 109 年度原訴字第 41 號 民事判決之後續

　　臺灣臺北地方法院 109 年度原訴字第 41 號民事判決宣示
後，敗訴之陳女士即洪先生之配偶不服判決提起上訴，臺灣高等
法院以原審判決送達有重大瑕疵為由，廢棄原判決並發回臺灣臺

北地方法院重行審理[18]；嗣臺灣臺北地方法院於 2023 年 1 月 10
日以 111 年度原訴更一字第 1 號民事判決，認定洪女士應給付陳
女士 12 萬元等，乃認定洪女士明知洪先生為有配偶之人，卻仍
與其過從甚密而有不正當交往行為，逾越正常男女交往之分際，
顯已破壞陳女士與洪先生因婚姻而互有貞操與誠信及維持圓滿之
權利與義務，侵害陳女士基於配偶關係之身分法益，情節重大，
足令陳女士因此受有精神上痛苦，陳女士依《民法》第 184 條第
1 項前段、第 195 條第 1 項前段、第 3 項規定請求被告應就其非

---

[18] 臺灣高等法院 111 年度原上易字第 1 號民事判決：「查原審指定於民國 110 年 11
月 23 日進行言詞辯論，分別向被上訴人之戶籍地屏東縣○○鄉○○村○○○巷 00
號（下稱戶籍地址）及新北市○○區○○路 00 巷 00 號 2 樓（下稱永和區地址）
對被上訴人送達期日通知書。而戶籍地址因未獲會晤本人，亦無受領文書之同居
人或受僱人，於同年 10 月 27 日寄存於屏東縣政府警察局枋寮分局（下稱枋寮分
局）草埔派出所（下稱草埔派出所）；永和區地址亦於同年 10 月 27 日寄存於新
北市政府警察局永和分局（下稱永和分局）得和派出所（下稱得和派出所），固
有被上訴人之戶籍資料及送達證書可稽（見原審卷 33、103、107 頁），惟經本
院分別囑託枋寮分局、永和分局派員至戶籍地址及永和區地址現場查訪結果，被
上訴人已久未居住於戶籍地址，亦未返回該址；而永和區地址係為被上訴人使其
子女就讀學校，多年前有暫借入戶籍行為，但從未居住於該址之情，有草埔派出
所、得和派出所警員之職務報告可憑（見本院卷 93 至 101 頁）。堪認被上訴人
客觀上已久無居住戶籍地址，且從未居住於永和區地址，主觀上亦無以戶籍地址
或永和區地址為住所之意思，即不得憑原戶籍登記之資料解為其住所仍在上開地
址，復無其他證據證明上開地址為被上訴人之居所、事務所或營業處所，實難認
上開地址為被上訴人之應受送達處所，自不得向上開地址警察機關寄以為送
達，況被上訴人未實際領取上開言詞辯論通知書，有本院公務電話紀錄可佐（見
本院卷 235 頁），依上說明，其寄存不生送達被上訴人之效力，被上訴人未受合
法通知致未到場應訴，原審遽依上訴人之聲請，准由其一造辯論而對被上訴人為
判決，所踐行之訴訟程序自有重大瑕疵，上訴人亦表示如原審送達有瑕疵，程序
即不合法（見本院卷 222 頁）。又被上訴人應受送達處所不明，本院無從依民事
訴訟法第 451 條第 2 項規定，得兩造同意而自為裁判，為維護上訴人之審級利
益，有將本件發回原法院更為合法辯論、裁判之必要。原判決程序既有重大瑕
疵，即無可維持，應認上訴為有理由。爰將原判決廢棄，發回原法院重行審理。」

財產上之損害負賠償責任，洵屬有據[19]。

　　臺灣臺北地方法院 111 年度原訴更一字第 1 號民事判決即變更原臺灣臺北地方法院 109 年度原訴字第 41 號民事判決之見解，維持了以往司法實務慣常的見解，就婚姻關係中發生婚外情之情事時，該已婚人士與第三人雖不再構成刑事通姦罪責[20]，但該已婚人士之配偶除得以此為由訴請離婚[21]外，仍得以「配偶權」受侵害為由向該已婚人士及第三者請求連帶賠償財產上及精

---

[19] 臺灣臺北地方法院 111 年度原訴更一字第 1 號民事判決：「經查，原告與洪進雄於 91 年 12 月 22 日結婚，婚姻關係迄今仍存續，此有個人戶籍資料在卷可稽（見臺灣高等法院 111 年度原上易字第 1 號卷第 65 頁）。本件原告主張被告與洪進雄二人間之往來互動已侵害其配偶權乙情，業據提出錄影光碟、FACEBOOK 畫面截圖、通訊軟體 LINE 對話紀錄翻拍畫面、搜尋好友畫面為證（見臺灣新北地方法院 109 年度訴字第 2 號卷第 19 頁至第 23 頁、本院 109 年度原訴字第 41 號卷第 77 頁至第 85 頁、臺灣高等法院 111 年度原上易字第 1 號卷第 75 頁至第 91 頁）。而依原告提出 LINE 對話紀錄截圖觀之，被告以其使用之門號『0000000000』行動電話傳送『妳老公在我店裡喝醉了還在我這睡覺……』、『洪太太可以接他嗎』、『很想知道為何妳老公不想跟你住在一起……既然你說過你們還是夫妻，那就麻煩你管好自己的老公』等訊息予原告，可知被告對洪進雄與原告間有夫妻關係乙節有所認識。又經本院當庭勘驗原告所提出之前揭錄影光碟及 FACEBOOK 畫面截圖，並截印畫面存卷（見本院 109 年度原訴字第 41 號卷第 93 頁至第 101 頁），光碟內容顯示畫面中有一對中年男女牽手步行在街頭，該名女子經與 FACEBOOK『洪淑瑛』頁面之大頭照核對後認二者相似。再佐以洪進雄曾以通訊軟體 LINE 向原告傳訊稱：『我在跟她睡了。』等語；原告回覆：『為了要跟洪淑瑛這個小三再一起每天台北桃園兩邊跑真是辛苦你了』，則表示：『這是我自己甘願的我要忙了』等語，足認被告與洪進雄有牽手、挽臂、逛街、同宿過夜、休憩等行為，與一般情侶間親密互動無異。是以，被告明知洪進雄為有配偶之人，卻仍與其過從甚密而有不正當交往行為，逾越正常男女交往之分際，顯已破壞原告與洪進雄因婚姻而互有貞操與誠信及維持圓滿之權利與義務，侵害原告基於配偶關係之身分法益，情節重大，足令原告因此受有精神上痛苦，揆諸前開說明，原告依民法第 184 條第 1 項前段、第 195 條第 1 項前段、第 3 項規定請求被告應就其非財產上之損害負賠償責任，洵屬有據。」

[20] 同註 2。

[21] 同註 5。

神上遭受之損害 [22]。至於臺灣臺北地方法院 109 年度訴字第 2122
號案，於法院判決原告即原配不能以「配偶權」受侵害為由向第
三者請求損害賠償後，原告亦不服判決而提起上訴，現由臺灣高
等法院 111 年度上易字第 634 號案審理中，其後續結果為何尚待
觀察。

伍、結語

　　關於已婚伴侶間的忠誠義務即性行為自由是否需要以法令規
範，無論於國外或國內，無論於過去、現在或未來，幾乎是在每
個群體與每個世代間不斷地被討論甚至是調整的議題，不同群體
與不同世代所得出的結論也不盡相同，而無論結論為何，都沒有
對錯可言，僅取決於當代普世價值而已，我國也躬逢其盛地加入
了這場橫越群體與世代的討論，而以法治國家的觀點出發，任何
理性的討論甚至是挑戰，都該被允許甚至是鼓勵；回到已婚伴侶
間的忠誠義務即性行為自由是否需要以法令規範即「法律是否要
保障貞節」這個議題本身，就如同「法律是否要保障愛情」或「法
律是否要保障孝道」這些議題一樣，不忠於愛情或不孝之人，有
可能是不道德的甚至是違法的 [23]，但是否有必要以法令予以懲罰
或負擔賠償責任 [24]？生而為人總需面臨諸多窘境與課題，在人類

---

[22] 同註 4。
[23] 《民法》第 1084 條第 1 項：「子女應孝敬父母。」
[24] 我國民法就違反前揭《民法》第 1084 條第 1 項規定情形，並未明定違反之法律效
　　果。

心靈受到傷害時，法律是否適合介入？又該如何介入？人類心靈的創傷在法律介入後能否痊癒？或許我們在討論「法律是否要保障貞節」時，應該要同時思考這些問題，如此以往，輿論即不需嘩然，僅需理性討論而已。

國家圖書館出版品預行編目資料

企業永續發展與相關實務新趨勢 / 協合國際
　法律事務所著. -- 初版. -- 臺北市：五南圖書
　出版股份有限公司, 2023. 06
　　　面；　公分
　ISBN 978-626-366-011-3（平裝）
　1.CST: 能源 2.CST: 產業發展
　3.CST: 企業合併 4.CST: 議題管理

554.68　　　　　　　　　　112004952

4U32

企業永續發展與相關實務新趨勢

作　　者 — 協合國際法律事務所（447）
發 行 人 — 楊榮川
總 經 理 — 楊士清
總 編 輯 — 楊秀麗
副總編輯 — 劉靜芬
責任編輯 — 黃郁婷
封面設計 — 陳亭瑋
出 版 者 — 五南圖書出版股份有限公司
地　　址：106 台北市大安區和平東路二段 339 號
電　　話：(02)2705-5066　傳　　真：(02)2706-610
網　　址：https://www.wunan.com.tw
電子郵件：wunan@wunan.com.tw
劃撥帳號：01068953
戶　　名：五南圖書出版股份有限公司
法律顧問　林勝安律師
出版日期　2023 年 6 月初版一刷
定　　價　新臺幣 380 元